Liderando Equipos Altamente Efectivos

Guía Práctica de *Coaching* de Equipos de Alto Rendimiento

Liderando Equipos Altamente Efectivos
Guía Práctica de *Coaching* de Equipos de Alto Rendimiento

Liderando Equipos Altamente Efectivos
Guía Práctica de *Coaching* de Equipos de Alto Rendimiento

Primera Edición © 2014 por Michael Nir y Ángel Berniz

Liderando Equipos Altamente Efectivos
Guía Práctica de *Coaching* de Equipos de Alto Rendimiento

Liderando Equipos Altamente Efectivos

Michael Nir y Angel Berniz

Prefacio

¡Felicidades! Gracias por comprar nuestro libro y tratar de aprender de una forma práctica cómo construir equipos altamente eficaces, de la mano de dos expertos en Liderazgo.

¿Estás perdido cuando se trata de gestionar un equipo virtual? ¿Has leído ya muchos libros y recibido formación para mejorar el rendimiento de tu equipo virtual sin obtener todavía éxito? ¿Trabajas en un entorno virtual con personas desplegadas por todo el mundo? ¿Sientes a veces que tu familia es como un equipo virtual?

La gestión de un equipo virtual a veces es difícil e incluso un desafío, sin embargo a lo largo de esta guía infalible vamos a descubrir los secretos de la construcción de un verdadero equipo virtual de alto rendimiento. Después de leer esta guía sabrás qué hacer, con el fin de gestionar con éxito y de forma continua equipos virtuales en el trabajo y en cualquier otro lugar.

Este libro está basado en probada experiencia y en la interacción práctica con equipos globales - programas de referencia y proyectos realizados en todo el mundo. Incluye los elementos esenciales prácticos de cómo construir y liderar equipos altamente eficaces a nivel mundial. Este libro dirigido a profesionales es también la base del Taller de Equipos de Alto Rendimiento de dos días de duración, en el que grupos de trabajo aprenden a operar como un equipo integrado cohesionado, y durante el cual también se someten a una importante tarea de transformación.

Te invitamos a que nos acompañes en este viaje de transformación de tus equipos (virtuales) hacia el alto rendimiento. Sólo un breve apunte - todo el contenido de esta guía es igualmente válido y relevante también para equipos situados en la misma localización física.

¿Qué dicen los lectores de este libro?:

"... Trabajar en equipos de alta eficacia parece difícil para la mayoría de nosotros, pero no es así, tal y como demuestran Nir y Berniz. La comunicación, la honestidad, la integridad y esfuerzo marcan gran parte de la diferencia. Este libro está escrito con claridad y se mueve rápidamente a lo largo y ancho del tema y entra en el detalle necesario para su aplicación práctica. Tan simple como eso! ... "

"..... Si para obtener lo mismo, puedo leer 50 páginas en lugar de en 350 páginas ... mucho mejor ... tras haber leído numerosos libros bastante más largos y no centrados en el asunto, a menudo acudo a esta guía porque me proporciona todo lo que necesito de forma práctica ... "

".... encuentro muy útil un caso de estudio proporcionado en esta guía ... los casos de estudio potencian o destrozan los libros de negocios y en este caso, el caso de estudio proporciona todo lo que necesitas para construir equipos altamente eficaces ...."

"..... guía que se centra en los beneficios de la creación de equipos altamente efectivos, así como los principales pasos del proceso de creación de equipos – entiendo que de interés tanto para gerentes como líderes en organizaciones globales - quizás también en organizaciones pequeñas ...."

"....Este libro contiene **un gran número de importantes y relevantes ideas para construir equipos altamente efectivos**, aportando una visión completa mediante la utilización de un caso de estudio para explicar todos los conceptos...."

"....Esta guía **proporciona herramientas prácticas y técnicas para construir equipos de alto rendimiento** tanto en entornos globales como también virtuales. El caso de estudio de ejemplo proporciona las explicaciones necesarias para elaborar las recomendaciones....."

"....Útiles herramientas y técnicas presentadas mediante un caso de estudio que proporcionan una potente guía para la construcción efectiva de equipos de alto rendimiento en un contexto global y que la mayoría de los negocios necesitan...."

Sobre los Autores

Michael Nir - Presidente de Sapir Consulting - (Máster en Ingeniería) ha estado proporcionando consultoría y formación operativa, organizativa, de gestión y capacitación durante más de 15 años. Es un apasionado de la teoría de Gestalt y su práctica, que complementa su formación en ingeniería y contribuye a su comprensión de las dinámicas individuales y de equipos en los negocios. Michael es autor de 8 *Bestsellers* en los campos de influencia, Agile, Equipos, Liderazgo y otros.

La experiencia de Michael incluye una gran parte respecto a telecomunicaciones, alta tecnología, desarrollo de software, entornos de I+D e industrias petroquímicas y de infraestructura. Desarrolla soluciones creativas e innovadoras en gestión de proyectos y productos, mejora de procesos, liderazgo y programas de *team building*.

La experiencia profesional de Michael es analítica y técnica; sin embargo, tiene un gran interés en las interacciones humanas y comportamientos. Tiene dos títulos de ingeniería del prestigioso Instituto de Tecnología Technion: una Licenciatura en Ingeniería Civil y un Máster en Ingeniería Industrial. Ha equilibrado su aspecto técnico con el amplio estudio y la práctica de la Terapia Gestalt y el "Enriquecimiento Instrumental", una filosofía de aprendizaje mediado. En sus compromisos de consultoría y formación, Michael combina el mundo analítico y técnico con su enfoque en las personas, la entrega de soluciones únicas y significativas, y enfocadas al sistema completo.

Angel Berniz - *Executive Advisor*, experto en asesoramiento a Ejecutivos, Liderazgo, Desarrollo de Carrera, y Mejores Prácticas en Dirección General, Gestión de Proyectos y Gestión de Servicios. Además, *Executive Director* de las prestigiosas comunidades profesionales de *networking*: GeneralManagers.org, ProjectManagers.org y ServiceManagers.org. Y también de las comunidades de ejecutivos senior: ManagingDirectors.org, ProjectDirectors.org y ServiceDirectors.org.

Ejecutivos de todo el mundo utilizan estas comunidades para impulsar sus carreras, la promoción de sí mismos, el intercambio de conocimientos, el aprendizaje, la creación de redes de contactos y la búsqueda de mejores empleos.

Si usted se toma en serio su carrera profesional, necesita un Plan de Desarrollo de Carrera. Tanto si decide contribuir a las comunidades como voluntario, como si decide participar en uno de nuestros programas exclusivos, ¡enhorabuena! ha encontrado la clave para su éxito profesional y un nuevo estilo de vida. Envíenos un email a info@executive-careers.org para una consulta gratuita y confidencial sobre cómo puede convertirse en un profesional de gran confianza y reputación.

Sobresalga entre la multitud. Impulse su carrera. ¡Invierta en USTED!

Únete a mí en angelberniz.com y Linkedin.

Contenidos

Prólogo de la primera edición

Con muchísima ilusión hoy hacemos llegar hasta tus manos en esta primera edición de Liderando Equipos Altamente Efectivos todo nuestro conocimiento práctico en Gestión de Equipos de Alto Rendimiento adquirido durante años. Concentrado en una sola obra, sencilla y práctica, hemos querido darte todas las herramientas para que puedas hacerlo por ti mismo.

A medida que también nos hagáis llegar vuestros comentarios, iremos añadiendo conceptos, así como reeditando y restructurando los contenidos. Para que la obra que has adquirido tenga vigencia durante más tiempo, hemos llevado a la web GeneralManagers.org algunos contenidos con mayor frecuencia de actualización.

Este libro contiene todo el material necesario para llevar a cabo un workshop de dos días para transformar un equipo estándar en un Equipo de Alto Rendimiento, mediante la adopción de las 10 claves del decálogo que se presenta en el capítulo primero. También analiza los comportamientos de un líder y presenta dos casos de estudio describiendo cómo construir equipos de alto rendimiento.

Nuestra intención ha sido crear una obra única y 100% práctica. Así que la hemos completado con todo el detalle paso-a-paso para conducir un taller (*workshop*) de Equipos de Alto Rendimiento, en base a nuestras notas como *coach* guardadas cuidadosamente durante años. Tienes en tus manos una poderosa herramienta de transformación de tu equipo, tu entorno y tu empresa. En tus manos está saberla utilizar adecuadamente para conseguir resultados extraordinarios.

¡Disfrútalo!

Michael y Angel,

Junio 2014

Equipos de Alto Rendimiento

Para que un equipo sea altamente efectivo, tiene que evolucionar hacia un Equipo de Alto Rendimiento. Decimos "evolucionar" porque ningún equipo empieza siendo un Equipo de Alto Rendimiento automáticamente, por el contrario, al igual que la excelencia, debe ser un propósito a alcanzar. Puedes seleccionar los expertos más cualificados, siendo cada uno de ellos los mejores en su especialidad y situarlos todos ellos juntos, pero esto no los convierte en un Equipo de Alto Rendimiento. Puedes ver ejemplos en muchos equipos de fútbol: tienen que aprender a trabajar juntos, convirtiéndose, en conjunto, en un equipo de alto rendimiento.

Cualquier equipo tiene el potencial para convertirse en un Equipo de Alto Rendimiento. Esta habilidad no depende tanto de la experiencia y habilidades de cada uno de los miembros individuales, aunque por esto aporte valor añadido al rendimiento del equipo, sino del compromiso de cada uno de los miembros con el equipo. Al igual que sucede con muchas otras cosa en el mundo de los negocios, al final, el éxito está más relacionado con la actitud que con la habilidad.

Trabajamos conjuntamente en equipos para desarrollar sinergias. Esta palabra tantas veces utilizadas en el mundo de los negocios, se refiere al incremento de nuestras habilidades o capacidades cuando diferentes elementos trabajan juntos. El resultado final debe ser superior a la suma de las partes. Los equipos de alto rendimiento están construidos sobre esta base, encontrando la forma de alcanzar el mayor número de sinergias en todas sus acciones.

A pesar de que el Líder de Equipo (*Team Leader*) es una parte crítica de este proceso de desarrollo, no todo debe depender de él. El tipo de personas seleccionadas para formar parte del equipo, sus habilidades individuales, su personalidad, sus habilidades de comunicación, su compromiso y su capacidad para trabajar con otras personas; tienen un gran impacto en este proceso. Una sola persona con la actitud equivocada, si no se gestiona adecuadamente, puede provocar que todo el equipo no alcance un alto rendimiento, o lo que es lo mismo, su máximo potencial.

Decálogo de un Equipo de Alto Rendimiento

Antes de seguir adelante, tenemos que asegurarnos de que estamos hablando el mismo idioma. Necesitamos una definición de Equipo de Alto Rendimiento; para comprender lo que es, y también para que sepamos comprender lo que no lo es.

Al igual que con cualquier equipo, los Equipos de Alto Rendimiento reúnen a un grupo de personas interdisciplinarias para trabajar juntos hacia un objetivo común. Cada miembro del equipo aporta habilidades específicas, talentos y conocimientos para contribuir a ese objetivo. Pero eso no hace al equipo de Alto Rendimiento. El equipo tiene que cohesionarse, hasta el punto que cada miembro del equipo esté basándose en las habilidades y talentos de los demás miembros del equipo y el resultado conjunto sea muy superior a la suma de cada una de las habilidades indiviquales de cada uno de los miembros. Esto se produce a través de la construcción de relaciones, la comunicación y la confianza.

Ningún equipo puede llegar a ser de Alto Rendimiento sin el compromiso de todos sus miembros. No es sólo un compromiso con el equipo, sino un compromiso con el éxito del equipo. Hay un viejo dicho que dice que una cadena es tan fuerte como su eslabón más débil. En el caso de un equipo, el eslabón más débil es el miembro del equipo que tiene el menor compromiso con el éxito del equipo.

Cuando un equipo se convierte en un Equipo de Alto Rendimiento, se demuestra por sus altos niveles de colaboración e innovación. Sus miembros ayudan al equipo a producir resultados superiores y de manera consistente. Esto no quiere decir que el equipo nunca falle; pero sí quiere decir que el equipo recorre el camino a través de esos fracasos todos unidos, mediante la búsqueda de formas innovadoras para superarlas, convirtiendo esos fracasos en éxitos.

Hay ciertas acciones que se identifican como comunes en el desarrollo y comportamiento de todo Equipo de Alto Rendimiento y que podemos utilizar para caracterizar estos equipos. A continuación detallamos las diez claves de un Equipo de Alto Rendimiento:

Clave 1: Tiene objetivos y planes claros

Clave 2: Comunica de forma efectiva

Clave 3: Mejora y mantiene relaciones positivas entre los miembros del equipo

Clave 4: Clarifica los roles y responsabilidades

Clave 5: Potencia la confianza mutua

Clave 6: Resuelve problemas y toma decisiones de forma efectiva

Clave 7: Valora y promueve la diversidad

Clave 8: Gestiona los conflictos con éxito

Clave 9: Proporciona oportunidades de desarrollo y reconocimiento

Clave 10: Comparte los éxitos y disculpa los errores

Clave 1: Tiene objetivos y planes claros

Para que un equipo pueda ser efectivo, los miembros del equipo deben conocer a dónde se dirigen y cómo van a hacer para llegar allí. Los objetivos y planes no son algo que pueda ser únicamente dictado al equipo desde arriba, por lo contrario deben ser desarrollados por el equipo en su conjunto, incluyendo objetivos intermedios que serán utilizados como hitos.

A pesar de que todos los planes sufren problemas que pueden causar que estos cambien, sin un plan no existe posibilidad de conocer si vamos según lo previsto. Sin embargo no es suficiente con que el equipo desarrolle objetivos claros, para que el equipo alcance su alto rendimiento; cada uno de los miembros del equipo debe comprar dichos objetivos. "Comprar" es presentarse uno mismo como agente activo del éxito del equipo. Esto tiene que ser promovido de arriba a abajo (*top/down*) y también modelado de arriba a abajo. A lo largo de nuestros años de experiencia realizando *coaching* hemos aprendido que para lograr que se "compren" los objetivos por parte del equipo, estos deben ser comunicados de varias formas, desde hojas informativas (*brochures* o *flyers*) a felicitaciones y elogios públicos cuando se logran los comportamientos deseados.

Es importante que la comunicación se produzca en el momento adecuado. **La "compra" se produce siempre cuando el líder promueve a los miembros equipo a crear una cultura en la que los miembros son agentes activos del proceso.** En este contexto la "compra" va más allá de pronunciar palabras bonitas, en realidad se trata de lograr una mentalidad, una creencia de que juntos podemos. Esta es la esencia y materia prima que permite que grandes cosas puedan sucederle al grupo.

A través del proceso de compra, el equipo adquiere la propiedad de los objetivos y planes que ha desarrollado y los hace suyos. Hemos presenciado en numerosas ocasiones como ejecutivos con sus cargos recién estrenados reúnen a su equipo y les presentan (mediante una presentación rápida organizada en la Sala de Dirección) unos objetivos dictados para el equipo. Este método siempre falla – es más, genera una ruptura en el Equipo de Gestión, motivada por una falta de dicho proceso de "compra"; por mucho que lo intentemos, **nunca seguirán una serie de objetivos dictados.** En las modernas organizaciones matriciales esto también sucede prácticamente en todos los equipos horizontales (*cross*) funcionales: sin una apropiada "compra" los objetivos no se comparten y por tanto no se alcanzan.

Primer Episodio

Michael inició su Carrera como ingeniero industrial y Ángel como ingeniero de telecomunicaciones. Ambos inicios fueron muy similares; aceptamos trabajar en una pequeña consultora, que colaboraba con otra mucho mayor. Fuimos consultores junior, mientras que estábamos finalizando nuestros estudios universitarios e iniciábamos la escritura de nuestros proyectos fin de carrera. Fuimos contratados para trabajar en la gran consultora desarrollando un proyecto de infraestructuras. Éramos cuatro los consultores que desarrollaban los planes del programa de construcción de una planta de fabricación de semiconductores. Teníamos poco contacto con nuestra oficina e interactuábamos entre nosotros constantemente. El líder de nuestro pequeño equipo era un *Project Manager* veterano que había participado en tres proyectos similares en el pasado.

Como la financiación del programa estaba todavía en curso, perdimos algo más de medio año en un pequeño cubículo de 2x2 metros para aparentar estar ocupados. Para nosotros esto fue totalmente desalentador. Estábamos literalmente pasando el tiempo, esperando que nos diesen la indicación de ir adelante mientras no teníamos nada que hacer. Fue entonces cuando experimentamos lo que siempre había sido absurdo para nosotros: es mejor tener mucho trabajo que hacer que poco. Estábamos que nos subíamos por las paredes del aburrimiento, pero como se trataba de un cubículo tan diminuto ni siquiera había paredes a las que poderse subir. En una ocasión nuestro Líder de Equipo dedicó cuatro semanas a decidir el color del fondo de la presentación del *kick-off*. Lo que más echamos de menos fue la falta de liderazgo de nuestro Líder de Equipo y de los gerentes de la consultora. No había nada más en lo que trabajar, no existía ninguna conexión con nosotros, ningún sentido para esta larga espera. La falta de objetivos que pudiesen motivarnos y de un plan hacia adelante que pudiese unirnos estaba comiendo la moral de nuestro pequeño equipo. Nos quejábamos y discutíamos entre nosotros, nos criticábamos y éramos incluso improductivos para las pocas tareas que todavía teníamos que completar. Dejamos este equipo en menos de un año, bastante frustrados y con la esperanza de que nuestras futuras experiencias se convertirían en algo mejor.

Recuerda – las personas necesitan objetivos con los que poder alinearse y dotarles de un sentido de dirección.

Clave 2: Comunica de Forma Efectiva

Un equipo que no se comunica no es un equipo en absoluto, sino un conjunto de individuos que marcha al paso que le marca a cada uno su propio tambor. Los equipos de alto rendimiento desarrollan métodos claros y consistentes para comunicarse entre los miembros, tanto en la comunicación informal como en la formal. Esta comunicación debe ser colaborativa en su naturaleza y debe proporcionar comentarios constructivos (*feedback*) hacia todos los miembros del equipo. Mediante dichos comentarios de los demás, cada miembro del equipo se siente más seguro respecto a su relación con el equipo.

Los procesos de comunicación de equipo que funcionan efectivamente pueden incrementar la motivación del equipo, potenciar la confianza y el respeto entre los miembros, mejorar drásticamente los procesos de toma de decisiones y contribuir sustancialmente a la productividad global y el rendimiento del equipo. Los procesos de comunicación inefectivos pueden disminuir la motivación de sus miembros, debilitar el compromiso del equipo, incrementar críticas (cotilleos) y reducir la productividad. Los procesos de comunicación

12

efectivos, por lo tanto, son vitales para el rendimiento de los equipos. Entonces, ¿qué hace que un proceso de comunicación sea efectivo?

Los procesos de comunicación efectivos son: regulares, transparentes y enfocados, y relacionados con los objetivos del equipo.

Las comunicaciones regulares dentro de un equipo y entre equipos ayudan a los miembros a mantener el rumbo, permite a todos los miembros estar al día respecto al progreso del equipo y asegura que las dificultades o contratiempos puedan superarse rápidamente y entre todos. Los procesos de comunicación transparentes proporcionan, en la medida de lo posible, la misma información a todos los miembros, y mantienen a todo el equipo debidamente informado. Los procesos transparentes maximizan la posibilidad de que los miembros del equipo estén alineados, dando sentido hacia donde se están moviendo y cómo van a alcanzar el objetivo. Un fallo en informar adecuadamente a todos los miembros del equipo por igual, puede comprometer gravemente su habilidad para contribuir por igual a los procesos del equipo y la toma de decisiones. Los procesos de comunicación que están enfocados y relacionados

13

con objetivos del equipo animan a los miembros del equipo de igual modo a permanecer centrados en el objetivo y los resultados esperados.

Segundo Episodio

Nuestro siguiente puesto fue como *Project Managers* en un operador de telecomunicaciones regional. Esto fue justo en el estallido de la burbuja punto-com. Los rumores estaban ya por todas partes y la situación no era distinta en nuestra compañía. Nosotros estábamos esperando literalmente a que cayera la guillotina.

En aquella época, estábamos escribiendo documentos de requisitos de negocio para nuestro departamento de desarrollo e ingeniería. Los otros seis ingenieros, que habían sido los seniors, estaban realizando varios roles de marketing de productos. Muchas de nuestras reuniones terminaban convirtiéndose en reuniones de chismorreo sobre nuestras oportunidades de supervivencia. Éstas estaban basadas en rumores, verdades a medias y mal entendidos de varios mensajes de la dirección. Era difícil concentrarse en objetivos y entregables, y menos producir requisitos de

14

negocio adecuados basados en esfuerzos colaborativos. Por si esto fuera poco, el Líder de

Equipo que además era responsable de marketing, en vez de centrarse en que el trabajo se hiciese se unía a nosotros en las especulaciones. Claramente este no era el mejor ejemplo para potenciar comuricaciones efectivas y enfocadas.

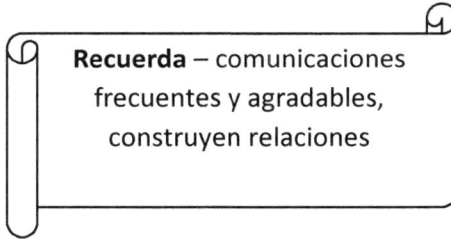

Recuerda – comunicaciones frecuentes y agradables, construyen relaciones

Clave 3: Mejora y mantiene relaciones positivas entre los miembros

Para que los miembros del equipo puedan trabajar juntos de forma eficaz, su relación necesita ir más allá de una relación meramente de negocios. Los miembros de un equipo de alto rendimiento tienen interacción social fuera del lugar de trabajo, se crean lazos entre los miembros individuales basados en el respeto, confianza y conocimiento de las capacidades de cada uno. Es necesario dedicar tiempo para desarrollar y mantener estas relaciones; no se trata de tiempo perdido, si no tiempo dedicado a crear equipo (*team building*).

Una herramienta muy potente para fomentar las relaciones y crear equipo, que además puede hacerse dentro de la oficina, consiste en invitar a los miembros del equipo a reconocer los puntos fuertes de los demás. Por ejemplo, durante las reuniones matinales invitar a cada miembro del equipo a identificar algunos rasgos profesionales positivos que aprecian de la persona que tienen sentada a su izquierda. Algunos reconocerán el esfuerzo que hace trabajando hasta tarde, mientras otros destacarán las habilidades de su compañero que contribuyen a los resultados del grupo. El proceso de reconocer los puntos fuertes de los demás está orientado a desarrollar la Empatía.

Hay una expresión muy buena, que aprendimos hace mucho tiempo: **"La gente olvidará lo que dijiste, la gente olvidará lo que hiciste, pero la gente nunca olvidará lo que le hiciste sentir"**. Por tanto empatizar y comprender permite construir conexiones entre las personas. Se trata de un estado de percepción y relación de los sentimientos y necesidades del otro sin culpar, dar consejo o tratar de resolver la situación. Empatizar también significa "leer" el estado interior de la otra persona e interpretarlo de tal forma que le ayudemos, le aportemos el apoyo que necesita y construyamos confianza mutua. El Líder de Equipo genera empatía dedicando tiempo a los miembros del equipo. Estar "presente" en el tiempo que tú dedicas a las personas es muy importante, de tal forma que cuando estés con alguien, no estés al mismo tiempo deambulando por el pasado o anticipando el futuro. Las conexiones que hacemos con otras personas son la piedra angular de nuestra existencia, siendo uno de los tesoros más valiosos, el tiempo, energía y esfuerzo invertido a desarrollar y construir relaciones más humanas (además de profesionales).

Tercer Episodio

La gente tiende a confundir empatía y simpatía. Empatía es la habilidad de comprender el punto de vista del otro. Simpatía es identificarse con el estado de ánimo del otro. La empatía es crucial para una comunicación efectiva, la simpatía para las relaciones con los amigos y la familia.

Mientras escribíamos la expresión anterior: "La gente olvidará lo que dijiste, la gente olvidará lo que hiciste, pero la gente nunca olvidará lo que le hiciste sentir" hemos recordado unos seminarios de formación en los que participamos hace unos años. Michael en un retiro *Gestalt* de una semana completa y Ángel en un Programa de Desarrollo de Talento de un año de duración, donde ambos mantuvimos sesiones de aprendizaje de terapia de equipos. Se trataba de reuniones de pequeños equipos mantenidas por la mañana o mediodía y conducidas por un facilitador. En una de estas intensas sesiones practicamos auto-sinceramiento como una forma de incrementar la empatía entre miembros del equipo. El auto-sinceramiento, es compartir algo personal con los demás para incrementar la empatía y el contacto entre los individuos; es extremadamente potente y conduce a resultados sorprendentes. Es curioso porque escribiendo este libro hemos descubierto que ambos habíamos experimentado algunas cosas similares en estas sesiones que nos habían hecho sentirnos de algún modo incómodos. En concreto, en los ejercicios de auto-sinceramiento el facilitador había entendido que no estábamos siendo suficientemente transparentes. Así que nos había mantenido mucho más tiempo en nuestro auto-sinceramiento y no nos había dejado avanzar cediendo el turno al siguiente. No fue nada agradable sentirnos elegidos como conejillos de indias, aunque habíamos mantenido el tipo para completar adecuadamente el ejercicio. Todo el esfuerzo que hicimos por sentirnos cómodos en esa situación no había sido suficiente y cuando lo compartimos con el facilitador, éste en vez de ponerse en nuestro lugar para tratar de comprendernos, simplemente nos reprendió por no involucrarnos completamente en el ejercicio. Sin recordar exactamente lo que nos dijeron, coincidimos en que nos sentimos muy mal. Esta intensa experiencia se ha convertido tanto en una gran lección como también en algo que nos llevamos del programa.

Ahora cuando conducimos sesiones de trabajo, ambos nos aseguramos que todos los participantes se sienten a gusto y cómodos en el ambiente que estamos creando, y nos aseguramos de que exista un espacio de interacción interpersonal antes de entrar en detalle en los asuntos de trabajo. Hemos aprendido que no hay que forzar situaciones, debemos permitir que el límite lo pongan las propias personas (su propio control).

Te proponemos un ejercicio, ¿recuerdas al peor profesor que has tenido en tu vida? ¿qué experimentaste? ¿cómo te hizo sentir?

Puedes hacer el mismo ejercicio con el peor jefe que has tenido. Por todo ello, asegurémonos no ser esa persona hacia los demás.

> **Recuerda** – "La gente olvidará lo que dijiste, la gente olvidará lo que hiciste, pero **la gente nunca olvidará lo que le hiciste sentir**".

Clave 4: Clarifica los roles y responsabilidades

Cuando un equipo está trabajando unido para conseguir sus objetivos, cada uno de los miembros contribuye en el equipo en base a sus conocimientos y experiencia. **Una definición clara de roles y responsabilidades de cada uno de los miembros del equipo evita los problemas habituales de pensar que otra persona estaba ocupándose de una tarea, cuando en realidad nadie lo ha estado haciendo.** Los objetivos y planes del equipo deben desglosarse en áreas individuales de responsabilidad, de tal forma que asegure que cada uno de los miembros conoce cómo su área de responsabilidad contribuye al logro del objetivo global. Los miembros de equipo deben conocer también los roles y responsabilidades de todos los demás miembros, facilitándose así la colaboración.

Los roles y responsabilidades claras también permiten situar al equipo dentro de la organización y saber a quién reportan, ayudando a evitar disputas y mal entendidos respecto a la autoridad.

Cuando estéis definiendo roles y responsabilidades en el área de trabajo, tendréis que elaborar una lista de todos los miembros del equipo y una lista de todas las

21

tareas y roles en vuestro negocio. Entonces podéis asignar roles a cada miembro del equipo o a grupos de personas. Es importante mantenerse flexible y estar dispuesto a modificar el plan para llegar a un acuerdo con tu equipo.

Una vez que has definido los roles y responsabilidades de las personas, puedes representarlo en una matriz RACI. Esto puede ser realizado de modo formal o informal según se desee, aunque es importante reflejar la información clave. Las matrices RACI permiten comunicar de forma clara a cada individuo su rol y responsabilidades y también permiten medir su rendimiento mediante la incorporación de KPIs (*Key Performance Indicators*) frente a las tareas o requisitos.

El modelo RACI es una potente herramienta utilizada para definir roles y responsabilidades. En general, cruzamos roles y responsabilidades con procesos (operativos o de cambio). En concreto, las siglas RACI significan:

R–Responsable- El responsable es la persona asignada para completar una tarea. Reporta a la persona que tiene la A.

A–Autorizador-Esta persona es la máxima autoridad, es quien puede decir "sí" o "no", el responsable último de todo. Es el propietario del proceso (operctivo o de cambio).

C–Consultado-Esta persona habitualmente posee un profundo conocimiento del proceso en cuestión y todas las decisiones importantes deben ser consensuadas con él/ella.

I–Informado- Se trata de la gente que debe ser informada cuando una actividad va a ser realizada, pero no necesariamente consultados para obtener su aceptación.

Si no se realiza adecuadamente la definición de los roles y responsabilidades de trabajo, se pueden generar tensiones, comunicaciones erróneas e ineficiencias dentro de tu negocio. En ese ccso, habrá personas con dudas respecto a cuáles son sus tareas asignadas y a quién deben reportar. Los errores y omisiones pueden producirse en situaciones en las que las personas no están seguras de lo que se espera de ellas, generando así ineficiencias que cuestan tiempo y dinero.

Cuarto Episodio

Tuvimos una experiencia en la gestión de un proyecto desarrollado en una planta de producción petroquímica. Estábamos gestionando la planificación y controlando las partidas del presupuesto para un proyecto cíclico de la fábrica. Era un proyecto recurrente durante el cual la planta se apagaba aproximadamente un mes. En el proyecto, las actividades se ejecutaban las 24 horas, reemplazando, limpiando y/o arreglando el equipamiento de la fábrica. La corta pero intensa ejecución del proyecto se dirigía de acuerdo a una planificación de ingeniería que se realizaba cada año y medio. La fase de diseño de ingeniería no se gestionaba como un proyecto, mientras que el ciclo de despliegue de dicho mes sí. Esto provocaba situaciones absurdas durante la fase de ejecución del proyecto. Las partes responsables del diseño de la planificación no estaban claramente identificadas y debían ser localizadas "sobre la marcha" cuando se producían riesgos serios (imprevistos o cosas desconocidas). En una ocasión, debido a que ingeniería estaba utilizando documentos desactualizados, dos tuberías que debían coincidir

24

quedaron separadas casi en 2 metros. Como el equipo de diseño carecía de una adecuada autoridad en el proyecto, se enfrentó a la necesidad de tener que encontrar una solución en un periodo de tiempo muy corto.

En conclusión, ten claramente definidas las responsabilidades de ejecutar las tareas (R) respecto de la obligación de dar cuentas (A).

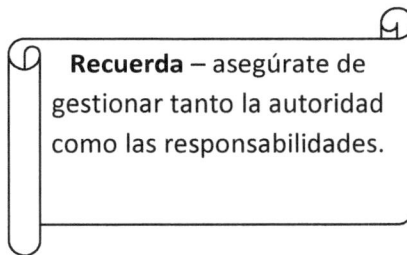

Recuerda – asegúrate de gestionar tanto la autoridad como las responsabilidades.

Clave 5: Potencia la confianza mutua

La confianza es una de las cualidades más difíciles de desarrollar en un equipo, dado que solo se consigue con el tiempo y la experiencia. En cualquier caso, los miembros de un equipo de alto rendimiento deben generar confianza con el resto de miembros en su conjunto. Los miembros del equipo deben ver la competencia y compromiso demostrado por cada uno, para que esta confianza crezca. Tienen que saber que el resto de miembros están comprometidos con el éxito del equipo, y no sólo con el éxito personal. Deben tener confianza entre ellos, tanto en lo que respecta a sus habilidades profesionales como a su integridad personal.

Todas las claves anteriormente descritas estimulan el aumento de la confianza, aunque la confianza es un parámetro complejo en las relaciones entre individuos, y mucho más a nivel de equipos. La confianza mejora la comunicación, el compromiso, y la lealtad entre los miembros de un equipo. **La confianza puede ser considerada como el fundamento que permite trabajar juntos, y es un habilitador para las interacciones sociales.** También puede mejorar el rendimiento del equipo e incrementar la probabilidad de crear compañías de éxito. La confianza juega un rol crucial cuando se crean equipos de negocio globales, nuevas empresas *(startups)* y redes de contactos. En organizaciones modernas, la confianza se ha convertido en un factor diferencial de éxito ya que estas organizaciones no pueden basarse en reglas y políticas formales y rígidas.

El equipo es la unidad básica de rendimiento en la mayoría de las organizaciones; reúne los perfiles, experiencias, y conocimiento de un conjunto de personas. Por lo general, los Equipos de Alto Rendimiento no son un conjunto de los individuos más brillantes, sino las piezas funcionales precisas (roles requeridos en el equipo) que dotan de los perfiles y conocimientos necesarios para tener éxito. Las rivalidades sanas entre los miembros del equipo permiten al equipo rendir a un alto nivel, pero sólo si el equipo está construido sobre una base sólida de confianza. La generación de confianza es un proceso largo y lento en comparación con otros procesos de negocio, pero puede acelerarse mediante interacciones abiertas y buenas habilidades de comunicación. **Las experiencias compartidas crean confianza y la confianza, a su vez, posibilita niveles de**

interacción y conocimiento más profundos entre los miembros del equipo. La generación de confianza requiere apertura, información, honestidad y motivos; la confianza también posibilita compartir de forma libre las ideas, que es la base de la innovación. Generalmente, el sentimiento de confianza está basado en la intuición y las emociones. Los Equipo que trabajan a Alto Rendimiento tienen definido un propósito claro y común: confianza y respeto mutuo, claridad respecto a los roles y responsabilidades individuales, altos niveles de comunicación, deseo de trabajar por el bien del equipo, y un líder que soporta y establece retos a los miembros del equipo. Existe además un clima de cooperación y una habilidad para escuchar las diferencias de opiniones y apreciar el conflicto sano. Un Equipo de Alto Rendimiento no esconde debajo de la alfombra las inevitables diferencias y valora la apertura. La importancia de compartir información personal, por ejemplo nuestro pasado, experiencias laborales, y aspectos de la actual organización no se debe desestimar. Se percibe un incremento de confianza, benevolencia, capacidades, e integridad cuando se desarollan ejercicios para "crear equipo" *(team-building)*. En un equipo donde hay mucha confianza las personas expresan sus sentimiento, por ejemplo alegría, con una mayor libertar. Los miembros del equipo también se dan entre ellos reconocimiento y comentarios constructivos *(feedback)*. Los desacuerdos se tratan de modo mucho más abierto. En definitiva, los equipos basados en la confianza tienen interacciones y conversaciones más abiertas.

Quinto Episodio

Generando Confianza – aunque sea difícil de describir, la confianza es tangible cuando se experimenta. ¿Cómo medimos estas experiencias basadas en la confianza, para asegurar que existe confianza en el equipo? En los talleres de Equipos de Alta Eficiencia que dirigimos, preguntamos a los participantes exactamente esta cuestión. Inicialmente, la confianza emerge gracias al ejercicio del Acta de Compromiso del Equipo. Los participantes de forma sencilla definen la confianza como el ingrediente clave de los equipos efectivos. Son bastante rápidos escribiendo en los rotafolios *(flipcharts)* afirmaciones como las siguientes: "los miembros de un equipo confían entre ellos" o "los miembros del equipo y el líder muestran confianza en sus actividades" y también "los equipos de alto rendimiento deben mostrar confianza entre los miembros del equipo". Ninguna de estas definiciones se acerca para poder explicar cómo medir la confianza. Éste es un desafío común respecto a las habilidades blandas (*soft-skills*) de la creación de equipos. Lo anterior, es ir directamente a definir las etiquetas; es difícil poder proporcionar indicadores cuantitativos para medir el nivel de relaciones interpersonales que existen detrás de dichas etiquetas. Nos gustaría compartir uno de los secretos mejor guardados respecto al entrenamiento de habilidades blandas (*soft-skills*) en general y de equipos de alto rendimiento en particular. Se trata del concepto de objetivos de conducta. **Definimos la conducta o comportamiento que caracteriza la etiqueta. En otras palabras, lo que hacemos es examinar qué comportamientos son los que esperamos encontrar si existe confianza. También podemos definir comportamientos que si son incrementados, generarían una mayor confianza. Mediante éste cambio de etiquetas genéricas a conductas específicas medibles damos al equipo una herramienta tangible para poder medir su progreso respecto a los intangibles componentes blandos de una relación.**

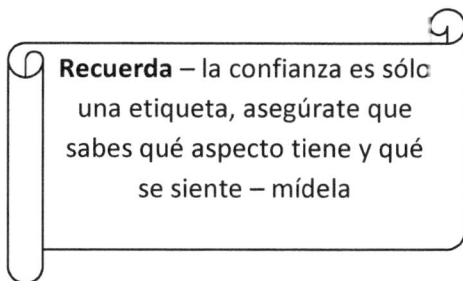

> **Recuerda** – la confianza es sólo una etiqueta, asegúrate que sabes qué aspecto tiene y qué se siente – mídela

Clave 6: Resuelve problemas y toma decisiones de forma efectiva

No existe nada que pueda poner mayor freno a un equipo que el posponer la toma de decisiones. Aunque los equipos de alto rendimiento pueden utilizar una gran variedad de métodos para llegar a tomar decisiones, una cosa está clara: toman decisiones.

Tanto si el equipo llega a tomar la decisión de forma democrática como si lo hace un área particular unilateralmente con motivo de su mayor conocimiento individual, estos toman las decisiones oportunas y las mantienen. Esto no quiere decir que nunca cambien una decisión, en caso de ser necesario; simplemente quiere decir que a no ser que descubran que es necesario un cambio, continuarán con la decisión ya tomada; no están tan aferrados a la decisión ya tomada que no puedan llegar a cambiarla cuando sea necesario.

En esencia, la toma de decisiones en los equipos se realizad usando técnicas de resolución de problemas. Así, el proceso prácticamente se apoya en la selección de un curso de acción siguiendo la evaluación de dos o más alternativas. Para recorrer adecuadamente ese camino, puede seguirse paso a paso el siguiente método:

1 – Reconoce el problema

Los equipos deben ver el problema y reconocer que existe y que, por lo tanto, se debe tomar una decisión para poder seguir adelante.

Aunque a primera vista este paso pueda parecer elemental, muchos equipos no reconocen que exista un aspecto que deba ser tratado y reconducido, en muchas ocasiones motivado de creencias limitantes del equipo (este punto lo veremos más adelante).

2 - Define el problema

En esta etapa, los equipos deben situar en el tiempo el aspecto a tratar. Durante este paso, el equipo deberá:

- Establecer cómo, cuándo, y cómo los miembros fueron conscientes de dicho problema
- Explorar diferentes maneras de visualizar el problema, la visualización del problema desde diferentes perspectivas permite un mejor entendimiento de la causa raíz del mismo.
- Contrastar los prejuicios o supuestos en los que está basado el problema para asegurar que el equipo comprende completamente el aspecto 'real', la problemática raíz.

33

3 – Recopila información

Una vez que se ha definido el problema, los equipos necesitan recopilar información relevante respecto al mismo.

¿Por qué los equipos necesitan hacer esto? Por dos motivos: (1) para verificar que se ha definido el problema correctamente en el paso 2; y (2) para desarrollar soluciones alternativas para el problema en cuestión.

4 – Desarrolla soluciones alternativas

Aunque puede resultar sencillo para los equipos "precipitarse" y aceptar la primera solución, los equipos que son efectivos en la resolución de problemas se toman el tiempo necesario para explorar varias soluciones posibles.

5 –Selecciona la MEJOR alternativa

Una vez que todas las alternativas están sobre la mesa, el equipo necesita determinar la alternativa que mejor resuelva el problema. Para que este elemento sea efectivo, debes considerar tanto los elementos racionales como humanos.

6 – Implementa la mejor alternativa

Una vez que se ha elegido una de las alternativas, el equipo necesita implementar su decisión. Esto requiere una planificación efectiva así como también comunicar la decisión tomada a todos los grupos de interés *(stakeholders)* que pudieran verse afectados por dicha solución.

7- Evalúa el resultado

Recuerda que tanto los equipos como la creación de equipo *(team building)* son un proceso de aprendizaje. Es imprescindible que el equipo examine si los planes de acción propuestos se han completado de una forma efectiva y han dado resultados positivos.

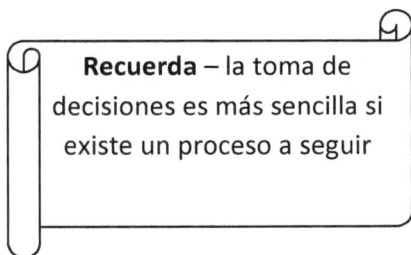

Recuerda – la toma de decisiones es más sencilla si existe un proceso a seguir

Clave 7: Valora y promueve la diversidad

A menudo, son las diferencias entre los miembros de los equipos las que hacen que estos sean efectivos en su trabajo. Cada uno es capaz de aportar su propio punto de vista y habilidades, añadiendo algo que nadie más en el equipo puede aportar. Mientras personas cortas de miras se resisten en aceptar a las personas que son diferentes, los equipos de alto rendimiento aceptan y celebran la diversidad entre sus miembros. **Éstos se basan en esa diversidad para generar las ideas necesarias para crear soluciones innovadoras a los problemas.** Esto sólo puede suceder cuando cada miembro está deseando aceptar a los demás por lo que son, no forzándoles a ser lo que no son.

Muchos equipos globales son conscientes de la diversidad multi-cultural. Pues en la actualidad muchos de estos equipos están invirtiendo en formación y *coaching* respecto a los distintos aspectos de la diversidad multi-cultural.

El padre de la gestión multi-cultural fue Geert (Gerard) Hofstede durante su etapa en IBM a principios de los 70, desarrolló el modelo de las 5 dimensiones culturales, respecto a las que evaluó 70 países. Ya por aquél entonces una multinacional como IBM era consciente de que este aspecto era crítico. En la actualidad, en una economía global donde no importa el tamaño de la empresa para que ésta tenga proyección internacional, trabajar a fondo este aspecto es imprescindible para lograr el éxito.

En base a nuestra experiencia en *coaching* y *mentoring* de equipos de alto rendimiento, decidimos por este motivo, destacar otro tipo de diversidad que es incluso más aparente en la actualidad y que si es pasada por alto, impide la eficacia de un equipo, nos estamos refiriendo a la diversidad multi-generacional.

Un equipo generacional mixto formado por miembros de distintas edades evidentemente contiene diversidad de perspectivas y puntos de vista los cuales, si con canalizados adecuadamente proporcionan las mejores soluciones, los mejores productos y equipos altamente compenetrados. ¿Cuántas veces hemos visto compañías (especialmente tecnológicas) donde prejubilan a sus empleados *senior* y se quedan con una plantilla desequilibrada en cuanto a edades y experiencia?. En ocasiones estas empresas se basan en que los jóvenes tienen un gran manejo de las nuevas tecnología, sin embargo se olvidan de que la tecnología es sólo un soporte y que lo realmente importante es comprender el modelo de negocio para tener éxito. Al final, un equipo equilibrado mixto de personas de distintos rangos de edad es el que tiene todos los ingredientes para lograr el éxito.

Si construyes un equipo desequilibrado generacionalmente, es bien posible que te enfrentes a conflictos, ineficiencias en el trabajo y a un sentimiento de frustración entre los miembros del equipo. Por el contrario, si construyes un equipo equilibrado generacionalmente el conocimiento podrá ser transferido adecuadamente, la sabiduría y talento de unas generaciones a otras. Un gran equipo multi-generacional vibra y tiene un sentido del aprendizaje, logrando un buen clima interno y entre las generaciones.

¿Cuáles son los beneficios de los equipos multi-generacionales efectivos?

Muchas organizaciones hoy en día son, por definición, un grupo de personas multi-generacional. Las organizaciones se beneficiarían si comprendiesen adecuadamente como sacar el máximo partido a su fuerza laboral (o capacidad productiva) y potenciasen el trabajo conjunto productivo. Las distintas generaciones trabajando juntas pueden proporcionar enormes beneficios para el individuo, el equipo y la organización. Los beneficios descritos más abajo son aplicables tanto a equipos extensos (organizaciones enteras) como a equipos de tamaño reducido.

Los beneficios específicos de los equipo multi-generacionales efectivos incluyen:

- **Incrementan la perspectiva en los distintos segmentos de edad de los clientes** – Proporcionando un rango de perspectivas para afrontar un problema –esto es especialmente importante cuando se trabaja en temas que afectan a los clientes y consumidores finales, dado que significa que estás teniendo en cuenta todos los condicionantes de rangos de edad y generacionales.

- **Mejora compartir el conocimiento y su gestión** – Las organizaciones con frecuencia se plantean cómo capturar y compartir el inmenso conocimiento de la gente *senior* de sus equipos. El *mentoring* es una forma de hacer esto, porque es una buena práctica multi-generacional de equipo. Los aspectos informales de un equipo dinámico son también un medio fantástico para aflorar el conocimiento y sabiduría de los miembros del equipo.

- **Derribando las barreras jerárquicas y de *status* –** Estas barreras pueden no ser de ayuda cuando impiden conversaciones abiertas, compartir y establecer retos sanos. Cuanto más puedan unas generaciones comprender y respetar a las otras y trabajar en conjunto, más barreras se derribarán y mayor efectividad se alcanzará.

Las mejores soluciones – cuando personas con distintas visiones y perspectivas trabajan juntas, siempre y cuando estos aprendan a escuchar y trabajar con diversidad, inevitablemente darán lugar a mejores soluciones y productos que las que los equipos homogéneos puedan producir.

¿Cómo hacer que distintas generaciones trabajen en equipo? Repasemos los estilos de equipo y preferencias de las distintas generaciones. Es importante no establecer estereotipos respecto a las distintas generaciones, con objeto de entender sus percepciones y cómo colaboran en equipo.

Los nacidos durante el *baby boom* (1946-1964):

- Estilo de trabajo en equipo – El trabajo en equipo está basado en "remar juntos" y en el "espíritu de equipo". Planifican reuniones de trabajo en puntos clave del proyecto (un enfoque planificado).
- Valor del estilo en equipo – Deben tener propósitos comunes, valores, objetivos, etc. Es importante que la gente "encaje".
- Medio de trabajo en equipo preferido – cara a cara.
- Sus preocupaciones/debilidades – tendencia a ceder ante miembros del equipo más *senior* en lugar de hacerlo en base a argumentos.

Generación X (nacidos entre 1964-1980):

- Estilo de trabajo en equipo – Valoran las contribuciones únicas que la gente puede hacer. Las reuniones de equipo se programan en los puntos clave en el proyecto (un enfoque planificado).
- Valor del estilo en equipo –Se dan cuenta de que la diversidad es buena pero a veces luchan

41

contra ella. Disfrutan de los aspectos de redes de trabajo en equipo.

- Medio de trabajo en equipo preferido –Prefieren el cara a cara y saben que se necesita lo virtual, pero se encuentran incómodos con ello.

- Sus preocupaciones/debilidades – "El conocimiento es poder" - pueden ser reacios a compartir. Pueden encontrarse tendencias individualistas y competitivas.

Generación Y (nacidos entre 1981-2000):

- Estilo de trabajo en equipo –La confianza y apertura es de suma importancia. Quieren reuniones del equipo sólo cuando se necesitan – es decir, pocas y ocasionales.

- Valor del estilo en equipo –Les gusta conocer y tener una visión global *(big picture)* del propósito. La diversidad es emocionante y desafiante para ellos - es una oportunidad para aprender. La jerarquía o *status* no es un problema – pues hablan de la "persona", no del "puesto".

- Medio de trabajo en equipo preferido –Les gusta el cara a cara y el trabajo en equipo virtual. La tecnología es una herramienta importante para el intercambio, tanto los wikis y la comunicación "on-demand", como la mensajería instantánea.

- Sus preocupaciones/debilidades – Pueden parecer demasiado improvisados (poco estructurados) para los nacidos en el *baby boom* y la Generación X, y pueden necesitar *coaching* en Gestión de Proyectos y mecanismos formales de aportar comentarios constructivos a los demás (*feedback*). Pueden parecer irrespetuosos a los miembros del equipo de mayor jerarquía.

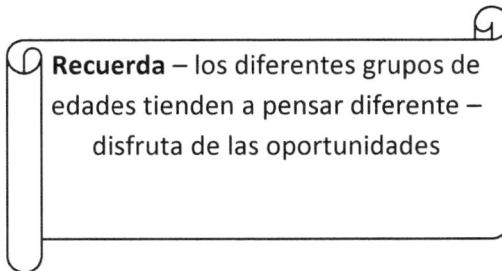

> **Recuerda** – los diferentes grupos de edades tienden a pensar diferente – disfruta de las oportunidades

Clave 8: Gestiona los conflictos con éxito

Todos hemos visto situaciones en las que diferentes personas con diferentes objetivos y necesidades han entrado en conflicto, y todos hemos visto como con frecuencia terminan en enemistades personales que evidentemente afectan al rendimiento del equipo. **El hecho es que los conflictos existen aunque no es necesariamente algo malo, siempre que se resuelvan con eficacia, pueden conducir a un crecimiento personal y profesional.**

Una resolución eficaz de conflictos puede marcar la diferencia entre resultados positivos y negativos.

Lo bueno es que una resolución de conflictos eficaz, puede resolver muchos de los problemas que han aflorado a la superficie, así como obtener beneficios que no se esperaban en un primer momento:

- **Mejora la cohesión del grupo:** Cuando el conflicto se resuelve de manera eficaz, los miembros del equipo pueden desarrollar un respeto mutuo más fuerte, y una fe renovada en su capacidad para trabajar en equipo.

- **Aumenta la comprensión:** El debate necesario para resolver el conflicto conciencia a las personas de la situación, dándoles una idea de cómo pueden lograr sus propios objetivos sin poner en peligro los de otras personas.

- **Mejora de la conciencia de uno mismo:** El conflicto empuja a las personas a examinar sus metas en mayor detalle, ayudándoles a comprender las cosas que son más importantes para ellos, centrar su atención y aumentar su eficacia.

Sin embargo, si el conflicto no se resuelve de manera efectiva, su resultado puede ser desastroso. Un conflicto de objetivos puede convertirse rápidamente en una aversión personal. El trabajo en equipo desaparece. Se desperdicia el talento ya que la gente desconecta de su trabajo. Es fácil acabar en un círculo vicioso de negatividad y recriminación. Si deseas mantener a tu equipo u organización trabajando con eficacia, será necesario poner fin a esta caída en picado tan pronto como sea posible. **Para ello, te puede a**yudar el entender dos de las teorías que se encuentran detrás de la resolución eficaz de conflictos:

Teoría: Estilos de Gestión de Conflictos de Kilmann

En la década de los 70, Kenneth Thomas y Ralph Kilmann identificaron **cinco estilos principales de gestión de conflictos que se diferencian en su grado de cooperación y asertividad.** Plantearon que las personas suelen tener un estilo de resolución de conflictos preferido. Sin embargo, también señalaron que podía ser más útil tener diferentes estilos para diferentes situaciones. Desarrollaron su propio método, el *Thomas-Kilmann Conflict Mode Instrument (TKI)*, que ayuda a identificar el estilo que mejor se adapta al conflicto.

Los estilos de Thomas y Kilmann's son:

Competir: Las personas con tendencia a un estilo competitivo habitualmente toman una posición firme, y saben lo que quieren. Por lo general, lo hacen desde una posición de poder, basándose en su posición, rango, experiencia o capacidad de persuasión. Este estilo puede ser útil cuando hay una emergencia o una decisión a tomar rápidamente, cuando la decisión es impopular o cuando es necesario defenderse de alguien que está tratando aprovecharse de la situación para su propio beneficio. Sin embargo, puede dejar huella en las personas, descontentos y resentimientos, cuando se utiliza en situaciones menos urgentes.

Colaborar: Las personas que tienden a un estilo colaborador quieren satisfacer las necesidades de todas las personas involucradas. Estas personas suelen ser muy asertivas y, a diferencia del estilo competitivo, cooperan de manera eficaz y reconocen que todo el mundo es importante. Este estilo es útil cuando se necesita consensuar un conjunto de puntos de vista para conseguir encontrar la mejor solución, cuando ha habido conflictos anteriores en el grupo o cuando la situación impacta de forma importante en la obtención de remuneraciones económicas.

Comprometer: Las personas que prefieren un estilo comprometedor desean encontrar una solución que satisfaga a todo el mundo, al menos parcialmente. Se espera que todos renuncien a algo y el mismo conciliador también entiende que deberá ceder en algo. El compromiso es útil cuando el coste del conflicto es superior al coste de la pérdida, cuando los oponentes se resisten por igual y están en un punto muerto, y cuando hay un plazo inminente.

Ceder: Este estilo indica una voluntad de satisfacer las necesidades de los demás a expensas de las propias necesidades de la persona. El acomodador a menudo sabe cuándo ceder pero se le puede persuadir para que se rinda incluso cuando no está justificado. Esta persona no es firme pero es muy cooperadora. Su utilización es adecuada cuando las cuestiones son más importantes para la otra parte, cuando la paz es más valiosa que ganar, o cuando se quiere estar en condiciones de que el otro te devuelva ese "favor" que le hiciste. Sin embargo la gente no puede devolver los favores y, en general, es poco probable obtener los mejores resultados con este enfoque.

Evitar: Las personas que tienden a este estilo tratan de evitar el conflicto por completo. Este estilo se caracteriza por la delegación de las decisiones controvertidas, aceptando las decisiones predeterminadas, y no queriendo herir los sentimientos de nadie. Puede ser apropiado cuando la victoria es imposible, cuando la controversia es inevitable, o cuando algún otro está en una mejor posición para resolver el problema. Sin embargo, en muchas situaciones, éste es un enfoque débil e ineficaz.

Una vez que se entienden los diferentes estilos, se pueden utilizar para reflexionar sobre el enfoque más adecuado (o mezcla de enfoques) a tomar en una situación concreta. También puedes puede pensar en tu propio enfoque instintivo, y aprender lo necesario para cambiarlo si es necesario.

Lo ideal sería que pudieras adoptar un enfoque que responda y resuelva la situación, respete los intereses legítimos de las personas y repare las relaciones dañadas.

Teoría: El "Modelo Relacional Basado en Intereses"

La segunda teoría se conoce como el modelo "Relacional Basado en Intereses (IBR)". **Este tipo de enfoque de resolución de conflictos respeta las diferencias individuales, mientras que ayuda a las personas a no aferrarse demasiado a una postura fija.**

Cuando vayas a afrontar la resolución de conflictos mediante este enfoque, sigue estas reglas:

- **Asegúrate de que la primera prioridad es mantener las buenas relaciones,** en la medida de lo posible, asegúrate de que tratos a la otra persona con calma y que se construye un respeto mutuo. Esfuérzate al máximo para ser cortés con el otro y sigue siendo constructivo también cuando estés bajo presión (es una oportunidad para demostrar tu valor como persona y como profesional).

- **Mantén separados las personas de los problemas:** reconoce que en muchos casos la otra persona no es la que está poniéndonos las cosas difíciles – existen diferencias reales y válidas detrás de las posiciones conflictivas. Al separar el problema de la persona, los problemas reales se pueden tratar sin dañar las relaciones laborales.

- **Presta atención a los intereses que se presentan:** al escuchar con atención podrás entender mucho mejor por qué la otra persona está adoptando su postura.

- **Escucha primero; habla después:** para resolver un problema de manera efectiva hay que entender lo que la otra persona está "viviendo" antes de expresar tu propia posición.

- **Establecer los "Hechos":** acuerda y establece el objetivo, los elementos objetivos que tendrán un impacto en la decisión.

- **Explora opciones conjuntas:** mantente abierto a la idea de que puede existir una tercera posición, y que se puede llegar a esta idea de manera conjunta.

Siguiendo estas reglas, podrás mantener con frecuencia discusiones positivas y constructivas. Esto evitará la hostilidad y la aversión que tan a menudo causan los conflictos que avanzan fuera de control.

Utilizando la Herramienta: un Proceso de Resolución de Conflictos

Sobre la base de estos enfoques, un punto de partida para resolver conflictos es identificar cuál es el estilo de gestión de conflictos que empleas principalmente, el que utiliza tu equipo y el de tu organización. Con el tiempo, estos estilos de gestión de conflictos entre personas tienden a acoplarse y terminas estableciendo tu manera "correcta" de resolver nuevos conflictos. Es bueno identificar y reconocer en qué situaciones este estilo propio puede ser utilizado con eficacia. Asegúrate de que la gente entiende que hay diferentes estilos que pueden adaptarse a diferentes situaciones.

Observa las circunstancias y piensa en qué estilo puede ser el más apropiado. A continuación, utiliza el siguiente proceso para resolver el conflicto:

Paso 1: Establece el Escenario

Si crees que puede ser adecuado para la situación, considera utilizar el "modelo Relacional Basado en Intereses (IBR)". Asegúrate de que la gente entienda que el conflicto puede ser un problema común, que puede resolverse mejor mediante la discusión y la negociación y no a través la agresión.

Si estás implicado en el conflicto, haz hincapié en el hecho de que estás presentando su percepción del problema. Emplea y promueve habilidades de escucha activa para asegurar que escuchas y entiendes las posiciones y percepciones de los otros.

- Repite lo que has entendido
- Parafrasea/ reformula
- Sumariza/resume

Asegúrese de que cuando hables, usas un enfoque asertivo en lugar de un estilo sumiso o agresivo.

Paso 2: Recopila Información

Comprende los intereses subyacentes, necesidades y preocupaciones. Pregúntate por el punto de vista de la otra persona y confirma que respetas su opinión y necesitas su cooperación para resolver el problema. Aprecia sus motivaciones y objetivos, y trata de ver cómo sus acciones pueden estar afectando a estos. Plantea el conflicto en términos objetivos: ¿está afectando al desempeño laboral?, ¿está dañando la entrega al cliente?, ¿impacta en el trabajo en equipo?, ¿dificulta la toma de decisiones? Asegúrate de concentrarte en cuestiones de trabajo y deja los aspectos personales fuera de la discusión.

- Escucha con empatía y observa el conflicto desde el punto de vista de la otra persona.
- Identifica los problemas de forma clara y concisa.
- Usa declaraciones hacia ti ("me siento' - nunca atacando al otro con frases del tipo "tus eres").
- Permanece flexible.
- Aclara los sentimientos.

Paso 3: Acuerda el Problema

Esto suena como un paso obvio, pero a menudo diferentes necesidades subyacentes, intereses y objetivos pueden hacer que las personas perciban los problemas de manera muy diferente. Tendrás que acordar los problemas que estás tratando de resolver antes de encontrar una solución de mutuo acuerdo. A veces, diferentes personas tendrán una visión distinta con motivo de problemas entrelazados - si no puedes llegar a una percepción común del problema, entonces por lo menos, deberás comprender lo que la otra persona ve como el problema.

Paso 4: Tormenta de Ideas *(brainstorming)* para las Posibles Soluciones

Si lo que persigues es que todo el mundo se sienta satisfecho con la solución, ayudará enormemente que todo el mundo haya tenido una participación activa en la generación de soluciones. Por tanto tu mejor herramienta será la lluvia de ideas *(brainstorming)* de posibles soluciones, y estar abierto a todas las ideas que ahí surjan, incluidas las que nunca antes se habían considerado.

Paso 5: Negocia la Solución

En esta etapa, el conflicto ya se puede resolver. Ambas partes pueden entender mejor la posición de la otra, y puede alcanzarse una solución satisfactoria para todos. Sin embargo, también puede haber descubierto las diferencias reales entre sus posiciones. Aquí es donde una técnica como la negociación ganar-ganar *(win-win)* puede ser útil para encontrar una solución que, al menos en cierta medida, satisfaga a todos. Hay tres principios rectores aquí: mantén la calma, se paciente, ten respeto.

> **Recuerda** –es más fácil conducir la resolución de conflictos cuando se centra en los intereses y no en las posiciones

Clave 9: Proporciona oportunidades de desarrollo y reconocimiento

Además de tener el equipo en su conjunto objetivos para lograr el éxito, éste debe reconocer que cada miembro del equipo necesita oportunidades para tener éxito en su propia vida y su carrera. Al ayudar a los miembros del equipo a encontrar oportunidades para aumentar sus habilidades y conocimientos individuales, aumenta la capacidad del equipo en general, lo que aumenta la probabilidad de que el equipo alcance el éxito.

Provee el desarrollo y *coaching* adecuado. Ya sea a través de un instrumento formal de 360 grados o de conversaciones informales, es importante obtener información sobre las áreas de fortaleza o de oportunidades de desarrollo de todos los miembros del equipo, y proporcionar la formación necesaria para mejorar su rendimiento. Cada miembro del equipo requiere un cierto nivel de entrenamiento, de apoyo para sostener nuevas habilidades y reforzar los nuevos comportamientos.

Se han realizado muchas investigaciones para llegar a la conclusión de que las recompensas y el reconocimiento, tanto monetarios como no monetarios, juegan un papel importante para conseguir los comportamientos que se espera de la gente. Por lo tanto, conociendo esto, asegúrate de tener incentivos eficaces con objeto de motivar y conducir el tipo de comportamiento que necesitas de los miembros del equipo. **No cometas el error de incentivar sólo los resultados acumulativos de un equipo – con frecuencia esto solo provoca mediocridad.** Piensa en el director de ventas que se pone a vender como uno más, o el líder del equipo de software que se pone a desarrollar la programación de un proyecto. Incentiva y reconoce los comportamientos de liderazgo que marcan una diferencia cualitativa en el rendimiento, así como los resultados cuantitativos obtenidos. Los miembros del equipo se darán cuenta de lo que se valora y recompensa.

Da a los miembros del equipo del espacio para crecer en su rol. Además de las herramientas y los recursos que les proporciones para ello necesitan, sobre todo, el espacio. Esto no quiere decir que los miembros no deban rendir desde el principio, o que debas dar a alguien que está muy por debajo de los estándares marcados más oportunidades de las debidas. Pero dando continuamente a los miembros del equipo ciclos formativos y oportunidades de mejora de sus habilidades es probablemente de entre todos, el factor de éxito más predecible. Casi una garantía de éxito.

Episodio Sexto

Recuerda – proporciona incentivos basados tanto en logros personales, como en el rendimiento del equipo.

Otorgar incentivos de acuerdo con el rendimiento global del equipo podría promover la mediocridad, de modo que los miembros del equipo de bajo rendimiento se esconden detrás de los más productivos. Por otra parte, la concesión de incentivos basados únicamente en el rendimiento individual romperá el equipo de alto rendimiento y podría dar lugar a un entorno hostil. **El reconocimiento debe basarse en indicadores equilibrados que están determinados tanto por la contribución individual como por la contribución al rendimiento del equipo.**

———

Puede parecer difícil hacer que todas estas cosas funcionen en un equipo virtual, pero en realidad no lo es. Si bien el reto es real, es posible conseguirlo. Sobre todo se requiere una comunicación efectiva entre los miembros del equipo.

Recuerda – da las gracias y muestra gratitud – los pequeños gestos permiten recorrer largos caminos

Clave 10: Comparte los éxitos y disculpa los errores

Después de un esfuerzo colectivo importante, los resultados habitualmente son casi siempre positivos. Esto quiere decir que el conjunto ha logrado el éxito. Pero, ¿compartimos siempre el éxito con todos los que han contribuido a lograrlo? No siempre. En ocasiones el Líder de Equipo se cuelga la medalla y agradece los reconocimientos recibidos. Un comportamiento de este tipo no es lo que se entiende por un buen líder. El líder reconoce y comparte el éxito con todo su equipo.

De igual modo, durante el desarrollo de un proyecto miembros de su equipo pueden cometer errores que incluso puedan comprometer públicamente al proyecto o al Líder de Equipo. Un Líder de Equipo que señala con el dedo cuando se comete un error y además lo realiza públicamente, no es un buen líder y difícilmente conseguirá tal reconocimiento. El error es una de las posibilidades cuando se ejecuta una acción. Si no se cometen errores es posible que se deba a que tampoco se esté realizando nada especial. Toda gestión respecto a un error de un miembro de equipo, debe ser realizada con carácter interno y a ser posible con carácter individual.

No olvidemos que ser el líder no es algo que nosotros nos atribuyamos si no algo que los demás nos reconocen. Por lo tanto, tanto la gestión de un error de un compañero como la correcta gestión del éxito, son dos grandes oportunidades para demostrar nuestras cualidades como líder y actuar como tal.

Recuerda – Ser líder no es algo que nosotros nos atribuyamos sino algo que los demás nos reconocen

Comunicación con Confianza, Clave para el Alto Rendimiento

Como ya hemos comentado anteriormente, los equipos de alto rendimiento se basan en gran medida en el desarrollo de sinergias. Esto es imposible sin una continua comunicación efectiva. Mientras que la comunicación puede ser más difícil dentro de un equipo virtual de lo que es en los equipos de una cierta proximidad, es un reto que puede y debe conseguirse.

Cuando un equipo está junto físicamente, las personas tienden a comunicarse de manera informal. Los miembros del equipo interactúan entre ellos constantemente, ya sea hablando alrededor de la fuente del agua o la máquina de café, mediante encuentros en los pasillos, o sentados juntos durante la hora de la comida. A menudo la comunicación informal es la más eficaz, ya que es donde se surgen muchas ideas. También es el tipo de comunicación que hace que los miembros del equipo lleguen a conocerse entre ellos, de modo que puedan crear equipo y comunicarse más efectivamente.

Además de estas comunicaciones informales, es necesario tener reuniones formales regulares para mantener a todos informados sobre las actividades de otros miembros del equipo y proporcionar un foro para discutir los problemas y tomar decisiones importantes. Ambas comunicaciones formales e informales son necesarias para que el equipo sea eficaz; no puede funcionar la una sin la otra.

Para que un equipo virtual pueda convertirse en un equipo de alto rendimiento, debe desarrollar este mismo nivel de comunicación; no sólo la comunicación formal, sino también la informal. Sin embargo, en la mayoría de los casos, la única comunicación es formal, por medio de reuniones frecuentes. Para llegar a ser de alto rendimiento y facilitar que estas comunicaciones se produzcan, se requiere el desarrollo de nuevas metodologías de comunicación y el uso de la tecnología que tenemos a nuestra disposición.

La época en la que vivimos se ha denominado la era de las Tecnologías de la Información. Las comunicaciones por dispositivos electrónicos, sobre la base de Internet, han hecho posible que las personas se comuniquen y compartan información con cualquier parte del mundo. **Los equipos virtuales deben**

aprovechar toda esta tecnología a su alcance para mantener comunicaciones formales e informales constantemente.

No hay una fórmula mágica para crear una comunicación efectiva. Cada equipo virtual deberá establecer sus propios métodos de comunicación, los que funcionan bien para él, porque las fórmulas de un equipo, pueden no funcionar bien en otro. Sin embargo, es esencial que los protocolos de comunicación incluyan tanto las comunicaciones formales como las comunicaciones informales.

Las reuniones regulares a través de Skype o Google Hang-Outs proporcionan un excelente formato para mantener reuniones virtuales. El correo electrónico puede ser utilizado para el envío de notas e informes a cada miembro del equipo, así nos aseguramos de que todos ellos tienen la información actualizada. Estos dos métodos cubren gran parte de la comunicación formal.

Aun así, la comunicación formal no es suficiente; aunque pueda parecer una pérdida de tiempo, todo equipo virtual debe desarrollar también comunicaciones informales. **Es a través de las comunicaciones informales como los miembros del**

equipo llegan a conocerse los unos a los otros, a desarrollar la confianza y el nivel de confort necesarios para que puedan colaborar juntos.

El desarrollo de las comunicaciones informales en un equipo virtual es un reto. No hay cafetera o máquina de agua dónde las personas se reúnan a conversar sobre los acontecimientos de actualidad e intercambien información. Se eliminan las oportunidades tradicionales del café, bajar a fumar, los descansos del pincho de tortilla, comidas e incluso sentarse en la sala de conferencias, a la espera de que empiece una reunión. Por lo tanto, el líder del equipo tiene que crear sus equivalentes virtuales. Dado que no existe una fuente de agua física donde hablar de todo, se necesita una virtual, donde los miembros del equipo pueden charlar sobre sus vidas, familias, la política, el clima, e incluso su trabajo.

Afortunadamente, Internet también ofrece oportunidades para esto. Dar de alta un grupo en WhatsApp, Facebook o través de Círculos de Google+ proporciona una forma de crear esta máquina de agua virtual. Sólo la creación del grupo no es suficiente, se tiene que hacer algo para que se inicie la conversación, romper el hielo y hacerlo despegar.

Dando o creando espacios de tiempo dentro de las comunicaciones formales para que los miembros del equipo puedan compartir sus pensamientos personales, es una forma de hacer esto. Los miembros del equipo pueden turnarse para compartir una de sus citas favoritas al concluir la reunión, tener una reunión por semana donde todos comparten aspectos de sus vidas, o una reunión semanal donde se converse sobre algo que todo el mundo ha leído, o un vídeo que todo el mundo ha visto. Estas actividades abrirán la puerta para una comunicación continua, sobre todo si ya se llevan a cabo a través de la máquina de café virtual.

A medida que los miembros del equipo se comuniquen más a través de las reuniones *online* y el uso de la máquina de café virtual, se conocerán mejor unos a otros, se comunicarán entre sí de manera más efectiva y podrán anticiparse a las reacciones y necesidades de cada uno. Esto ayuda a la misión común del equipo, por lo que es más fácil que puedan colaborar conjuntamente, en lugar de tener a las personas vagando sin rumbo.

Caso de Estudio I

Cuando Víctor se hizo cargo como líder de equipo del Desarrollo de Software para Dispositivos Móviles, se enfrentó a un reto:

- Se le había dado a un equipo con dispersión en tres países y que estaba completamente fragmentado.

- El equipo central en la sede de la empresa en Silicon Valley estaba bien integrado, pero tenían que trabajar en conjunto con los miembros del equipo que estaban en Polonia y Corea del Sur.

- Esto supuso retos enormes. No es que hubiese nada malo con las habilidades y competencias individuales de los miembros del equipo, pero las comunicaciones entre el grupo central y los miembros de los equipos exteriores eran mejorables, en el mejor de los casos.

Era la primera vez que Víctor actuaba como líder de equipo y quería hacerlo bien. De alguna manera, tenía que transformar su equipo fragmentado en un equipo de alto rendimiento; la única pregunta era ... ¿Cómo?

Antes de hacerse cargo del equipo, Víctor había pasado una semana en un seminario de formación de líderes de equipos. Sentía que tenía una idea bastante buena sobre cómo construir un buen equipo; pero no tenía claro cómo hacerlo a tan larga distancia y con tan diversos horarios. De algún modo, tendría que encontrar la manera de aplicar los principios que había aprendido en el seminario de formación a un equipo virtual, ya que su equipo se encontraba disperso a través de miles de kilómetros y varios husos horarios.

La primera cosa que Víctor decidió hacer para transformar su equipo fue mejorar las comunicaciones. Eso ya iba a ser un desafío en sí mismo; pero si no lo conseguía, entonces no sería capaz de hacer ninguna otra cosa.

Para conseguir que las comunicaciones de su equipo fluyeran de forma adecuada, Víctor estableció reuniones de equipo obligatorias.

Dado que los miembros de su equipo estaban dispersos, se hicieron a través de Skype. Sentía que tenía que conseguir que todos siguiesen la misma pauta y además necesitaba que se conociesen entre sí. Por lo tanto, sus reuniones eran un poco diferentes a la típica reunión de empresa. En lugar de gastar todo su tiempo con los aburridos informes de estado, hacía que todos enviasen sus informes de situación, por lo que podrían ser compilados semanalmente y enviados de nuevo a todos los miembros del equipo. Amanda, la redactora técnica de su equipo se encargó de eso, a pesar de que en realidad no era parte de su trabajo. Ella creó un formato estándar para que todos lo pudiesen usar, por lo que todo lo que tenía que hacer era compilarlo y enviarlo por correo electrónico una vez finalizado. Esto le dio a Víctor la posibilidad de usar sus reuniones de equipo para su propósito, la construcción de su equipo, en lugar de para las actualizaciones de estado.

Las reuniones del equipo de Víctor se convirtieron en las más inusuales en la empresa. Además de que todo el mundo resumía en una frase su jornada de trabajo, el resto del tiempo se dedicaba a conocerse los unos a los otros. Cada día, uno de los miembros del equipo, elegido al azar, hablaba de sí mismo, hacía una breve autobiografía en la que respondía a una lista de diez preguntas que el equipo había formulado.

Cada reunión terminaba con alguien compartiendo una cita que le gustase, no importaba de donde viniera, o si la habían compuesto ellos mismos, la idea era compartir ideas de las que pudieran hablar más tarde en la máquina de café virtual (más sobre esto más adelante).

Las reuniones de equipo del viernes eran diferentes. Víctor consiguió que su coordinador de Recursos Humanos, Julio, preparase una acción formativa de Gestión Informal. Cada semana, Julio les enviaba un video o documento sobre algún aspecto de la construcción o gestión de equipos para que todo el mundo revisase. La reunión del viernes se centraba en conversar respecto a ese tema;

en escuchar las ideas de todos y encontrar formas de aplicar lo que aprendían al equipo.

Con esto se mejoraron las comunicaciones formales, pero Víctor todavía necesitaba trabajar las comunicaciones informales. Ahí es donde la máquina de café virtual entró en juego, todos aceptaron llamarla así aunque, por supuesto, no era una máquina de café. Era el foro *online* del equipo, donde podían hablar de diferentes temas. Se acordó que todos los miembros del equipo tenía que comprobar el foro, al menos, dos veces al día, y alentó a todos a que participaran con regularidad.

Fue necesario un tiempo, pero la máquina de café virtual terminó funcionando de maravilla. Se publicaron entradas respecto a las frases célebres y palabras de sabiduría con las que había cerrado su última reunión. También subieron temas referentes a problemas personales de la gente, pasatiempos e incluso imágenes de sus hijos. Lo que más sorprendió a Víctor es que cerca de la mitad de los hilos terminaron estando relacionados con el trabajo. Los miembros de su equipo empezaron a compartir lo que estaban haciendo, rebotando ideas de ida y vuelta. El equipo finalmente trabajó unido sobre ideas y problemas, a pesar de que operaban a distancias tan grandes.

Caso de Estudio I - Conclusiones

Víctor había dado el primer paso hacia la construcción de su equipo de alto rendimiento. A pensar fuera de la caja y en el uso de la tecnología disponible, encontró una forma de tener a su equipo más cerca, aumentando su comunicación y consiguiendo que trabajasen juntos.

- **El aumento de la comunicación que Víctor inculcó, inició la construcción de relaciones.**
- Éstas surgieron a través de las comunicaciones, y al madurar, propiciaron comunicaciones mejoradas.
- Al dar a sus miembros del equipo la oportunidad de aprender los unos de los otros, sentó las bases de esas relaciones que construir.
- Implantando Víctor de la máquina de café virtual y animando a sus miembros de equipo a que la utilizasen, permitió cultivar las relaciones.
- El resultado fue que el equipo fue capaz de trabajar mejor juntos, un todos ellos lograron el cumplimiento de sus objetivos.

Como hemos visto con Víctor, los auténticos líderes de equipo son los que convierten a un equipo estándar en

73

uno de Alto Rendimiento. Si bien es útil contar con los miembros del equipo motivados para trabajar, mucha de la motivación del equipo depende del líder. Víctor consiguió llevar a su equipo a hablar entre sí. Aunque eso no va a hacer al equipo de Alto Rendimiento por sí mismo, es un excelente punto de partida.

La construcción de un Equipo de Alto Rendimiento supone un montón de trabajo, sobre todo para el líder del equipo. Pero, como un gerente dijo, mucho más trabajo es no construir un Equipo de Alto Rendimiento.

Algunos líderes demuestran de forma consistente las características necesarias para hacer que sus equipos se transformen en Equipos de Alto Rendimiento. Pueden ser sacados de un equipo, ser asignados a otro y dentro de 18 meses, habrán hecho del segundo equipo también un Equipo de Alto Rendimiento. Ahora que su antiguo equipo se mantenga en Alto Rendimiento o no, ya no dependerá de las características del liderazgo del nuevo líder del equipo.

Reflexiona lo que te llevas del enfoque de Víctor

74

Comportamientos de liderazgo en un equipo de alto rendimiento

Más que nada, los líderes de equipo de los Equipos de Alto Rendimiento son líderes visionarios. No comienzan observando lo que su equipo es; comienzan observando donde quieren ellos que su equipo esté. En base a eso, abren camino hacia atrás, a encontrar la manera de llegar allí.

La visión en una imagen del lugar donde se desea llegar; no el camino para llegar allí. Así, es lo que el equipo debe ver, posicionarse en el momento de cuando se alcanzó (tangibilizar el éxito). Pero sólo tener una visión no es suficiente, el líder del equipo debe contagiar la visión, llegando a que su equipo llegue a "comprarla" y hacerla suya (que la sientan "tocar"). La visión puede comenzar con el líder, pero no termina ahí. Esa visión se convierte en la visión del equipo, no sólo a los líderes.

Los lemas son un gran método para comunicar visiones; algo corto, que encapsula la visión y le da al equipo algo que comprar. Uno de los mejores fue creado por Herb Kelleher, ex director ejecutivo de Southwest

Airlines. Su visión, y el lema que él creó, se convirtió en el criterio por el cual se hizo cada decisión en su empresa. Todos, desde la sala de juntas a la trastienda entendieron que el lema y compró la visión que contenía.

El lema de Kelleher fue: "Somos LA aerolínea de tarifas bajas." No necesitas ni siquiera estar en el negocio de las aerolíneas para entender eso; todo lo que tienes que hacer es leerlo. Tanto los nuevos empleados como el director más experimentado pueden tener comprender claramente la cultura corporativa y su filosofía, sólo mediante la comprensión de esa simple frase. Capturó la visión que tenía Kelleher de Southwest Airlines, por lo que era algo que todo el mundo podía comprar la entrada.

Aunque no toda visión es compartida de manera tan elocuente, todo líder debe esforzarse en hacerlo. Cuanto más clara y simple se define la visión, más fácil es para los miembros del equipo puedan comprarla.

Se genuino

Los líderes de Equipos de Alto Rendimiento no viven en una torre de marfil, separados de sus leales súbditos. Ellos son parte del equipo, así saben cuándo abrirse y bajar la guardia con sus miembros del equipo. No están tratando de proyectar una imagen de que son perfectos, sino que están dispuestos a mostrar sus propias vulnerabilidades, especialmente si puede ayudar a otros miembros del equipo. En realidad, esto les ayuda a ganar el respeto de su equipo, mucho más que tratando de parecer perfectos.

Exponer vulnerabilidades requiere tener confianza en uno mismo y ser capaz de reírse de tus propios errores. Las personas que tienen que parecer perfectas a menudo se sienten de esa manera porque no tienen confianza en sí mismos. Sin embargo, estar dispuesto a abrirse y ser vulnerable puede ser una gran fórmula para unir al equipo.

Habla las cosas comprometidas

Cada equipo tiene dificultades; la pregunta no es si van a surgir o no, sino la forma de tratarlas cuando aparezcan. Los líderes de equipo de Equipos de Alto Desempeño reconocen esas dificultades y los problemas que hay detrás de ellos. Están dispuestos a hablar sobre las cuestiones difíciles, a pesar de que sea incómodo hacerlo. Su objetivo es trabajar siempre con el problema, obteniendo la victoria para el equipo.

Algunos líderes tratan de evitar los conflictos. Todo esto lo que hace es extender el problema, como una infección. Esa infección eventualmente hará que el equipo se convierta en "enfermo" y disfuncional. Aunque nadie disfruta del conflicto, adentrarse en él es esencial.

Una de las cuestiones difíciles que los líderes tienen que hacer es enfrentarse a los miembros del equipo no productivos. Hay muchas razones por las que un miembro del equipo no puede ser cumplir las expectativas, y es responsabilidad del líder averiguar la causa, y hacer todo lo necesario para solucionarlo. A veces, eso significa encontrar para el miembro del equipo otro equipo donde puedan encajar mejor.

Esos miembros del equipo no productivos pueden sabotear los esfuerzos de todo el equipo si no se tratan. Pueden ser el tipo de persona que causa la división o que tiene que estar en el centro de atención, o incluso uno que rechaza cualquier liderazgo. Independientemente de su problema, si no se trata, es como una plaga que devorará al equipo.

Aprende a escuchar

La comunicación es una calle de dos vías. Muchos líderes hablan en primer lugar, entonces, si hay tiempo, pasan a escuchar. No es así en el caso de los líderes de equipo de los Equipos de Alto Rendimiento. Estos saben cómo escuchar y generalmente escuchan a sus miembros del equipo antes de hablar. Recuerde, el liderazgo de un Equipo de Alto Rendimiento es un esfuerzo de colaboración. Estos líderes no ven a sí mismos como "el jefe" que todo el mundo está allí para servir. Se ven a sí mismos como facilitadores, lo que permite a su equipo a tomar su propia dirección.

Una parte importante de esto es aprender a escuchar. Todo el mundo quiere tener la oportunidad de ser escuchado, incluso el miembro más joven del equipo. Cuando estos líderes del equipo escuchan, hacen que los miembros del equipo se sientan más importantes, ya que sus contribuciones son fundamentales para el equipo.

A veces, no es suficiente con sólo escuchar; el líder de equipo tiene que conseguir que los demás escuchen también. Un ambiente positivo no puede darse si los miembros del equipo están siendo negativos hacia los otros. Es responsabilidad del líder de equipo poner fin a esto, tan pronto como empiece. Un ejemplo sería que la idea de un miembro de equipo junior que está planteando no va a funcionar y no se va a considerar, no obstante deben ser igualmente invitados a expresar su punto de vista.

Formula buenas preguntas

Las preguntas son una herramienta valiosa. El tipo adecuado de preguntas puede dirigir a alguien a mirar en direcciones que nunca tuvo intención, para encontrar las respuestas que necesitan desesperadamente. Además de usar las preguntas para dirigir a la gente, los líderes del equipo utilizan preguntas para mantenerse al tanto de lo que está sucediendo en su equipo.

Se ha dicho que se nos han dado dos orejas y una sola boca, por lo que debemos escuchar el doble de lo que hablamos. Escuchar es una forma de arte, y hacer preguntas es una herramienta para la escucha activa. Sin embargo, hacer una pregunta, sin escuchar la respuesta, es una de las maneras más rápidas de mostrar a un líder de equipo que no se preocupa por ellos. Las buenas preguntas tienen que ser objeto de seguimiento por la escucha atenta.

Transmite confianza

Los buenos líderes tienen que ser de confianza. Si el equipo va a aprender a confiar los unos de los otros, tiene que comenzar con el aprendizaje que pueden confiar en su líder. Eso significa que el líder debe llevar a cabo lo que dice. Si resulta imposible terminar lo que han dicho, tienen que explicar por qué, o va a perder su credibilidad a los ojos de su equipo.

La gente va a hacer mucho más por un líder en el que confían. En el ejército, uno de los más altos elogios que un oficial puede recibir, sobre todo de un sargento experimentado, es decir "yo estaría dispuesto a seguir en la batalla." De alguna forma, las actividades de nuestro equipo son una forma de combate. Necesitamos que nuestros miembros del equipo estén dispuestos a seguir en esa batalla y lograr la victoria. Eso significa que tienen que confiar en nosotros; que sólo puede suceder cuando demostramos a nosotros mismos confiables.

Ser digno de confianza también significa hablar claramente a los miembros del equipo. La gente puede ver a través de las mentiras y la desinformación que la gestión se desmorona. Mientras que pueden no ser capaces de ver lo que es la verdad, saben lo falso cuando lo ven. Ser honesto con el equipo es otra forma de confiabilidad. Esto hace que se enteren de que pueden confiar en lo que dices y estén contigo.

Disfruta con lo que haces

Todo el mundo le gusta pasarlo bien. Eso es una parte necesaria de la formación de equipos. Estar al frente de un Equipo de Alto Rendimiento también significa contribuir para que los miembros lo pasen bien trabando juntos. Sin embargo, nunca debe hacerse a expensas de otra persona, especialmente otro miembro del equipo. La diversión basada en el sarcasmo y comentarios negativos debe evitarse por completo, ya que siempre lastiman a alguien.

Divertirse no tiene por qué ir en detrimento de los objetivos del equipo. Muchas actividades de trabajo se pueden hacer divirtiéndose, si queremos hacerlo. Mucho de eso tiene que ver con la forma en que nos enfrentamos a esas actividades. Si nos proponemos como algo que vamos a hacer juntos como un equipo, estamos marcando la pauta para hacerlo divertido.

Ten orientación a objetivos

Los objetivos son la brújula que dirige al equipo. Independientemente de las actividades que se están llevando a cabo en el equipo, un líder de Equipo de Alto Rendimiento lo mantiene orientado a objetivos. Puede ser el objetivo final del equipo o los objetivos intermedios que ayudarán al equipo a alcanzar ese objetivo final, son en cualquier caso objetivos y el líder del equipo lo mantendrá enfocado. Estos objetivos también aseguran que el equipo mantendrá su foco.

Esto no significa que el líder tenga visión de túnel. Las actividades de formación de equipos pueden parecer a algunos una pérdida de tiempo. Sin embargo, las actividades de formación de equipos son necesarias para forjar el equipo en un Equipo de Alto Rendimiento. Por lo tanto, su inclusión en el programa de trabajo del equipo es ayudar al equipo a alcanzar sus objetivos.

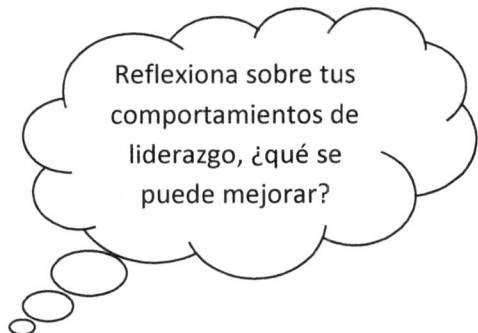

Reflexiona sobre tus comportamientos de liderazgo, ¿qué se puede mejorar?

83

Manteniendo la responsabilidad desde la distancia – el reto Virtual

Una de los aspectos más difíciles de la gestión de cualquier equipo, y mucho más uno que se encuentra dispersado por el mundo, es el mantener la rendición de cuentas. Mucha gente ve la falta de supervisión directa como una oportunidad para vivir en unas semi-vacaciones, con sueldo. Son unas semi-vacaciones simplemente porque no producen un cierto nivel de trabajo, para asegurarse de que tienen algo que reportar a su jefe de equipo. Por tanto, estas personas no producen el nivel de trabajo por el que se les paga, o que son capaces de hacer.

La clave para evitar este problema es contratar el tipo adecuado de personas. Eso puede ser difícil cuando la contratación se realiza a través de Internet, dado que la comunicación directa puede ser difícil. Es difícil mirar a alguien a los ojos para ver si están diciendo la verdad, cuando la única imagen que tienes de ellos es una pequeña imagen de la webcam. Sin embargo, esto no significa que todo esté perdido sin embargo.

La mayor prueba de la ética de trabajo de una persona no es lo que ésta dice en la entrevista, sino que es lo que hacen cuando piensan que nadie está mirando. Esos son los momentos en los que las personas tienen más probabilidad de dedicar sus horas a navegar por la red, revisar su correo electrónico y jugar con el móvil, en lugar de a hacer su trabajo.

Mucha gente se olvida de que siempre hay un período de prueba cuando se contrata a un nuevo empleado. Durante este tiempo, el supervisor tiene la opción de terminar la relación laboral, sin ningún riesgo. Mientras que los empleadores tienden a seguir la pista a los empleados localizados *insitu*, son mucho más propensos a olvidarse de los situados a larga distancia. Sin embargo al contrario, es más aplicable para los que están en otros países.

Los jefes de equipo deben tener una idea bastante buena de cuánto tiempo requerirán los miembros de su equipo para completar sus tareas. Existen estándares de tiempo para casi cualquier tipo de trabajo, y aunque algunos tipos de trabajo son más propensos a tener variaciones en la cantidad de tiempo requerido, esas variaciones deben estabilizarse en el largo plazo.

Personas de Alto Rendimiento para Equipos de Alto Rendimiento

Todo líder de equipo que construye un Equipo de Alto Rendimiento es selectivo respecto a las personas que integran su equipo. Hay personas que simplemente no funcionan en determinados equipos, ya sea por su falta de compromiso, falta de conocimiento, o falta de ética de trabajo. Realmente no importa tanto cuál sea la razón, el líder del equipo debe ser capaz de reconocer a estas personas, y moverlos fuera de su equipo.

Esto puede requerir la búsqueda de otro puesto para ese miembro del equipo, sobre todo si ha estado en la compañía durante mucho tiempo. Los nuevos miembros del equipo, o los que son contratados como *freelance* son fáciles de desvincular, pero para un empleado de muchos años sacarlo de una empresa es una operación más complicada.

En muchas ocasiones, es la actitud, no la aptitud, lo que hace una persona no apta para trabajar en un Equipo de Alto Rendimiento. En general, las empresas suelen contratar en base a aptitud, en lugar de la actitud. El hecho de que un empleado potencial tenga toda la formación requerida para un puesto, todas las referencias adecuadas, y toda la experiencia y conocimientos adecuados, no significa que vaya a desempeñar sus funciones de la forma correcta. A veces, esas personas altamente cualificadas pueden dar problemas, esperando que el mundo, o por lo menos el equipo, gire a su alrededor.

Por otro lado, personas con la actitud correcta pueden compensar por su falta de aptitud. Si no saben algo, van a aprender a hacerlo. Si nunca lo han hecho antes, se ponen con ello en cuerpo y alma y lo intentan. Su actitud les hará destacar, ya que no se conforman con menos.

Estos son el tipo de personas que hacen propia la visión del equipo y van a por ella. Si bien pueden cometer errores en el camino, se van a compensar esos errores por su arduo trabajo y dar brillantes ideas "fuera de la caja". En última instancia, su valor para el equipo será mucho más que el "gurú" que en realidad a veces no es tan importante.

Recuerde que para que un Equipo de Alto Rendimiento funcione, cada uno de los miembros del equipo tiene que "comprar" la visión del equipo. En última instancia, esto dotará al equipo de una capacidad innata que irá más allá de la de cada miembro del equipo, ya que la sinergia del equipo multiplicará la capacidad de cada integrante.

Otro aspecto de estos trabajadores altamente motivados es que no necesitan supervisión directa. No necesitan a nadie encima controlando si están trabajando, porque se están controlando a sí mismos. No necesitan una máquina de fichar, porque trabajan más horas de las que están siendo pagados, sin ni siquiera decirlo a su jefe. Son auto-controlados, debido a su entusiasmo.

—

Caso de Estudio II

Cuando Jaime fue contratado como Gerente de TI en su empresa, fue con el objetivo de proporcionar servicios de TI a los clientes de la compañía en todo el mundo. Sabía que esto iba a ser un reto, y requeriría un equipo de personas altamente motivado y eficaz. De la primera cosa que Jaime se dio cuenta cuando fue traído como Gerente de TI y líder de equipo fue la fragmentación de su equipo.

- Había gente trabajando en seis países diferentes, y casi tantas zonas horarias.

- Tres de los sub-equipos locales estaban liderados por personas que pensaban que debían haberles dado a su puesto.

Tenía un problema.

Para dar un giro a su equipo, Jaime tenía que romper la zona de confort de la gente y desafiarlos con una nueva forma de trabajo. Por ahí es donde empezó. La visión que creó estableció un nuevo estándar para el servicio al cliente, el más alto que la compañía había experimentado nunca. Aun así, era bastante factible poderlo llevar a cabo, siempre y cuando consiguiese que el equipo que confiarse y trabajarse con él.

Para superar las disputas y disidencia en su equipo, Jaime decidió que iba a tener que hacer un viaje relámpago a las sedes de sus diferentes sub-equipos, lo que permitiría a la gente para llegar a conocerle y presentarles su nueva visión para ellos. Esto no fue fácil, ya que tuvo que hacer frente a los problemas en primera persona, en especial la disensión con los miembros del equipo cor más experiencia. Donde demostró tener tablas fue que él era consciente de no tener todas las respuestas. Mientras se enfrentaba a las malas actitudes que encontró al otro lado, pasó mucho más tiempo escuchando sus distintos miembros del equipo dispersos, cogiendo sus ideas para llevar a cabo la visión que él les había planteado.

Jaime estaba inundado de ideas. Nunca nadie antes había ideas a sus sub-equipos. Siempre habían recibido los mandatos de la oficina central, causando gran parte de las malas actitudes que había heredado. Al escucharles, fue capaz de hacer que cada miembro del equipo se siente que era una parte valiosa del equipo, que valoraba sus aportaciones, y que quería trabajar con ellos, en lugar de mandar sobre ellos.

Además de las ideas, Jaime se enteró de una serie de problemas muy reales, que estaban haciendo que fuese difícil trabajar juntos a su equipo. En lugar de sólo escuchar a los equipos sus quejas de los problemas, les preguntó por sus soluciones.

Ese fue el punto de inflexión para el equipo de Jaime. Él los había desafiado a hacerlo mejor, y les había dado la oportunidad de hacerlo. Les había demostrado que estaba dispuesto a escucharles, y que valoraba sus aportaciones. Los mismos miembros del equipo que habían sido los mayores quejosos antes, de repente se convirtieron en los mayores activos en el equipo. Jaime estaba rebosante de alegría y cuando implementó sus sugerencias, ellos también lo estuvieron.

Case de Estudio II - Conclusiones

Jaime necesitaba desarrollar nuevos sistemas de trabajo para ser utilizados por su equipo. En realidad, no se trataba tanto a desarrollar estos sistemas, sino averiguar las ideas que los miembros de su equipo tenían para cambiar o sustituir los sistemas existentes e implementar los nuevos. El equipo había estado tratando de operar con los sistemas que habían sido diseñados para un equipo con ubicación centralizada, a pesar de que se habían extendido por más de la mitad del mundo.

No importa lo grande que sea la organización o lo que hace, cuando la oficina central ordena todo, a menudo obliga a que sea hagan las cosas como más le conviene a la oficina central, sin tener en cuenta lo que va a funcionar bien para los otros activos del equipos. Con un equipo virtual, hay que considerar las diferencias en cultura, idioma, disponibilidad de materiales y nivel educativo de los activos del equipo. La cultura y forma en que la gente vive jugarán un papel importante en su capacidad para lograr lo que quiere que la sede central.

Cuando parte del equipo se encuentra en los países del tercer mundo, los servicios regulares que los que dependemos no son necesariamente fiables. El teléfono y servicio eléctrico pueden caerse, y de hecho lo hacen con bastante frecuencia. Los miembros del equipo pueden no ser capaces de trabajar, simplemente debido a la falta de electricidad.

Este tipo de problemas se deben tener en cuenta al desplegar un equipo virtual. Si el equipo está formado por *freelancers*, pueden necesitar equipos informáticos que no pueden permitirse. Mientras que un ciudadano promedio de un país desarrollado no necesita ahorrar para comprar un ratón o un teclado nuevo para su ordenador, un trabajador en países del tercer mundo es posible que no pueda permitirse ese lujo. No sólo trabajan con un salario más bajo, sino que además ese mismo teclado allí es considerablemente más caro.

Los sistemas que requieren que todo el mundo esté firmando en algo son extremadamente difíciles de implementar en un equipo virtual. Un simple cambio de fabricación, es fácil de implementar si la oficina de todos está en la misma fábrica. Pero si el departamento de compras se encuentra en un lugar, el departamento de ingeniería y diseño en otro, el departamento de planificación en un tercero, y con el departamento de ingeniería de fabricación en la fábrica, tratar de obtener los documentos firmados por todos puede ser complicado.

El uso de documentos *online*, bases de datos y firmas virtuales hace que este trabajo sea más fácil. Pero las políticas de la compañía deben ser adaptadas a las necesidades del equipo virtual, no el equipo adaptado a las necesidades de las políticas de la empresa.

Liderazgo Compartido

Al sondear los problemas y sugerencias de los miembros de su equipo distribuido geográficamente, Jaime comenzó el proceso de liderazgo compartido. El liderazgo compartido no elimina un jefe de equipo, sino que implica a todos en el proceso de toma de decisiones. Todos en el equipo terminan comprando la visión, los objetivos y los sistemas, porque sienten que tienen un papel en su definición.

Un jefe de equipo puede delegar las funciones de liderazgo a los miembros del equipo. Una forma común de hacer esto es mediante el uso de una lista de rotar la presidencia de las reuniones del equipo. Esto le da a todos la oportunidad de dirigir la reunión, ayuda a entrenar para el liderazgo, y descargar parte de la carga del líder de equipo. A menudo, un miembro u otro del equipo tendrán una idea introducir algún cambio en la reunión cuando estos la presiden, que luego puede ser adoptado por todo el equipo.

Otra manera en que un líder de equipo pueda involucrar a los miembros del equipo en el liderazgo es delegarles áreas de responsabilidad. Víctor delega una tarea de desarrollo profesional para Julia, su coordinador de Recursos Humanos, que tiene su hacerse cargo de las sesiones de desarrollo de gestión que tenían los viernes. Por un lado, ella le ayudó en su papel como coordinador de recursos humanos, por el otro, también compartía el liderazgo con ella.

Lo mismo podría decirse de Jaime en su situación, mediante la utilización de un miembro del equipo de alto nivel en cada país como líder sub-equipo. Mientras aún seguía siendo el Gerente de TI, les dio autonomía y autoridad de toma de decisiones. Este fue un largo camino que permitió superar el resentimiento por ser contratado, pero aún más importante es aceptado por los miembros del equipo y les hace estar comprometidos con el equipo.

—

La gente siempre va poner más esfuerzo en algo que ellos piensan que han creado. Por lo general, los trabajadores que trabajan más duro son los que trabajan por cuenta propia. Estos han construido su negocio y recogen directamente los beneficios.

En un equipo, cada miembro necesita el mismo sentimiento de propiedad. Aunque en realidad no puede tener acciones en la empresa, aún se puede conseguir ese sentimiento de propiedad estando involucrado en el proceso de toma de decisiones. Esto se debería iniciar cuando más pronto sea posible, preferiblemente en cuanto se forma el equipo.

Si bien los objetivos principales del equipo a menudo se le asignarán a éste, la visión y los sistemas para lograr esos objetivos habitualmente no. Si el líder del equipo los crea y los presenta al equipo, que probablemente serán aceptados y utilizados. Sin embargo, si el líder del equipo incorpora a los miembros del equipo en el proceso de creación de estos, con mucha mayor seguridad estos serán utilizados, pues serán propiedad del equipo. Los miembros del equipo van a defender esa visión, como una madre oso sobre sus cachorros, porque son suyos.

Coaching de Equipos: el camino hacia la Alta Efectividad

Durante años el coaching ha sido utilizado con carácter individual por los altos ejecutivos de las empresas como herramienta para el logro del éxito personal y profesional.

Los resultados extraordinarios que han logrado las personas que han participado en procesos de coaching han dado lugar a que se haya ido extendiendo paulatinamente a todas las capas de dirección y gestión de las empresas.

Sin embargo, el éxito empresarial es un éxito colectivo. En ocasiones reunir los mejores profesionales en un mismo equipo no significa necesariamente obtener los mejores resultados colectivos. El desarrollo de la cohesión (*rapport*) del equipo, su inteligencia emocional colectiva, su autoconocimiento y compenetración, son claves para conseguir obtener la mejor versión colectiva posible.

Y si el objetivo es conseguir ser el mejor equipo empresarial posible, parece lógico que el trabajo de coaching también lo hagamos en el plano colectivo, además de en el plano individual.

Definición de *coaching* de equipos

La definición más ampliamente aceptada es la siguiente:

*"El Coaching de Equipos es un proceso de acompañamiento a un equipo de personas en la **consecución** de sus **objetivos** a través de acciones que fomentan la **cooperación** entre sus miembros, apoyándoles a **revisar y mejorar** sus relaciones, procesos de trabajo y valores."*

El éxito colectivo consiste en aunar sinergias, de modo que el resultado total logrado por el equipo sea superior a la suma de los resultados individuales. Existe un proverbio japonés que dice: *"Ninguno de nosotros es tan inteligente como todos nosotros"*.

Para ello, el Coaching de Equipos es un ejercicio de vivencia práctica donde sus miembros conectan y descubren en conjunto todas sus capacidades y finalmente se comprometen a llevar a cabo un plan de acción que les lleve a niveles superiores de efectividad.

Para facilitar este descubrimiento, a continuación puedes realizar el **autodiagnóstico de equipo** para ver en qué nivel se encuentra el tuyo:

http://generalmanagers.org/autodiagnostico-de-equipo

Características del *coaching* de equipos

A diferencia del coaching individual, centrado en procesos internos (descubrimiento de pensamientos auto-limitantes, incrementar el desempeño individual, etc.), el coaching de equipos está centrado en las relaciones.

Este foco en las relaciones para lograr una mayor cohesión y unidad, dotará al equipo de una mejor comunicación, confianza y liderazgo colectivo.

Cuando hablamos de coaching de equipo, no hablamos de coaching grupal (orientado a trabajar en grupo el coaching individual) ni de simple *team building* (desarrollo de actividades colectivas para fomentar la interrelación entre los miembros de un equipo).

El Coaching de Equipos tiene las siguientes características:

- Analiza el grado de cohesión actual del equipo
- Establece una forma de trabajo o cultura colectiva
- Afronta las dificultades y las aprovecha como oportunidades de desarrollo individual y colectivo
- Logra enfoque hacia las tareas que realmente aportan valor.

Beneficios colectivos del *coaching* de equipos

El Coaching de Equipos aporta los siguientes beneficios colectivos:

- Logra una mayor alineación de los individuos con los objetivos del equipo, y de éste con los objetivos empresariales.
- Desarrolla procesos estándar de toma de decisiones y resolución de conflictos. En lugar de tratarlos como eventualidades o situaciones excepcionales, ya cuenta con que estos ocurran

y los resuelve con mayor agilidad y profesionalidad.

- Mejora el entorno de trabajo, aportando una mayor comprensión del mismo, de las relaciones y la comunicación.
- Mejora la productividad y rendimiento del equipo.
- Potencia la búsqueda continua de sinergias entre los miembros del equipo, desarrollando su creatividad y efectividad colectiva.
- Fomenta el liderazgo colectivo, donde cada uno de los miembros se siente agente activo de los éxitos y fracasos del equipo.
- Aumenta la responsabilidad, motivación, confianza y compromiso de todos los miembros
- Aporta enfoque estratégico: visión, misión y valores del equipo. Que después guiarán al equipo en las tareas cotidianas del día a día.
- Incrementa la Efectividad de todo el equipo.

Beneficios individuales del coaching de equipos

El Coaching de Equipos también aporta beneficios individuales a cada uno de los miembros del equipo:

- Dota de herramientas para el desarrollo de habilidades de trabajo en equipo y liderazgo.
- Mejora sus relaciones y la comunicación con el resto de miembros del equipo.
- Se pierde el miedo a pedir ayuda, pues se aprende que es parte del trabajo en equipo.

- Se obtiene la satisfacción también de poder ayudar a los demás, de ser útil más allá de en nuestras propias tareas.
- Aumenta su nivel de autoconfianza, de sus capacidades y también limitaciones, pero sobre todo de que siempre existe alguna forma de afrontar los retos y de superarlos.
- Mejora la motivación y desempeño diario.
- Aporta un ambiente de trabajo que se desarrolla en un clima agradable y al mismo tiempo retador (de mejora continua).
- Aporta una mayor satisfacción en el trabajo y en general en la vida.
- Incrementa la Efectividad individual, tanto en el plano profesional como personal.

Construyendo Equipos Emocionalmente Inteligentes

Equipos Inteligentes (*Smart Teams*)

El logro de equipos altamente efectivos está estrechamente relacionado con su inteligencia emocional colectiva.

Reconocer las emociones, propias y del resto de miembros del equipo, para ser capaces de conducirlas hacia objetivos retadores de superación colectiva y personal.

Anteriormente ya citamos el proverbio japonés que dice *"Ninguno de nosotros es tan inteligente como todos nosotros"*. Así, el coaching de equipos está enfocado a la construcción de **Smart Teams**.

El término SMART significa "inteligente" o "audaz", y también se utiliza como acrónimo para el establecimiento de objetivos:

- S: *Specific* (Específico)
- M: *Measurable* (Medible)
- A: *Achievable* (Alcanzable)
- R: *Realistic* (Realista)
- T: *Time-related* (Acotado en tiempo)

En concreto este acrónimo fue introducido por primera vez por **George T. Doran** en la edición de Noviembre de 1981 de revista *Management Review* donde decía: "Existe una forma S.M.A.R.T de escribir metas y objetivos de gestión (*There's a S.M.A.R.T. way to write management's goals and objectives*).

El secreto de la Inteligencia Emocional

¿Te has fijado en alguna ocasión que hay personas que sin ser muy inteligentes tienen "algo" que les hace responder de forma adecuada a todo lo que se les presenta?

Son personas que saben comprender lo que tienen delante, que saben encauzarlo adecuadamente y que logran grandes resultados, no por su gran inteligencia sino por su "saber hacer".

Lo bueno del asunto es que la Inteligencia Emocional se puede trabajar y desarrollar. Y por supuesto, también de forma colectiva dentro de tu equipo.

El término Inteligencia Emocional, se atribuye a Wayne Payne, quien lo introdujo en su tesis doctoral en 1985: "Un Estudio de la Emoción: Desarrollando Inteligencia Emocional" (*A Study of Emotion: Developing Emotional Intelligence*).

Sin embargo fue Daniel Goleman, columnista de *The New York Times*, quien en 1995 mediante la publicación del *bestseller* que "*Inteligencia Emocional: por qué puede ser más importante que el coeficiente intelectual*" (*Emotional Intelligence - Why it can matter*

103

more than IQ) logró extender con éxito por todo el mundo este concepto.

Definición de Equipos Emocionalmente Inteligentes

Equipos Emocionalmente Inteligentes son aquellos que han aprendido a gestionar adecuadamente las emociones propias y ajenas.

En ocasiones también se habla de Inteligencia Emocional y Social (IES) en los negocios como la cualidad que nos permite ver con nuevos ojos, escuchar con nuevos oídos y actuar con conocimiento de causa.

Visualización del Éxito (*Visualization*)

La visualización es una técnica muy utilizada en el mundo del deporte.

La clave para jugar bien al golf es visualizar durante el *swing*, con anterioridad al golpeo de la bola, la trayectoria que ésta seguirá.

Andrés Iniesta (jugador de la selección española que marcó el gol que permitió a España ganar el Mundial de Fútbol de Sudáfrica de 2010) dijo: *"cuando me vino el balón a la pierna derecha, escuché el sonido del silencio. Sabía que iba dentro. Lo golpeé con el alma y fue gol. Me volví loco de alegría"*.

La visualización nos permite conocer el éxito, saborearlo con anterioridad y familiarizarnos con él, antes realmente de haberlo conseguido. Es como ya conocer el lugar y por tanto volver a éste resulta mucho más fácil (porque es un lugar donde ya hemos estado antes).

En *coaching* se utiliza mucho esta técnica. Consiste en decirle al *coachee* (persona que está recibiendo el programa de *coaching*) dónde quiere llegar y que se sitúe en el final de su objetivo. Que transmita que es lo que se siente en ese lugar. Las emociones que se experimentan ahí. Una vez que éste ya ha vivido todas esas emociones. Se van dando pasos atrás en el camino que conduce a dicho objetivo, para identificar las acciones que debe realizar para lograr su objetivo.

Pensamiento Lateral (*Lateral Thinking*)

Hemos hablado del significado "audaz" de término *Smart*. Esto está muy relacionado con conseguir afrontar las cosas de forma adecuada y si es necesario, alternativa.

En muchas ocasiones vemos como enfocando y planteando las cosas de un mismo modo, no conseguimos los resultados esperados. Albert Einstein ya nos dijo "si buscas resultados distintos, no hagas siempre lo mismo" y también "ningún problema puede ser solucionado desde el mismo nivel de conciencia que fue creado".

 El pensamiento lateral consiste en buscar una perspectiva distinta de aproximación a las cosas. Otra forma de plantearlo que nos pueda conducir a mejores resultados de cómo lo hemos hecho con anterioridad.

105

Como además ya hemos hablado de la visualización (sentir haber estado ya allí) cualquier escollo puntual en el camino no debe impedirnos de conseguir nuestro objetivo. Siempre habrá alguna otra forma alternativa de poder hacer las cosas.

Pensamiento Positivo (*Positive Thinking*)

Henry Ford nos dijo "tanto si crees que puedes hacerlo, como si piensas que no puedes, en ambos casos tienes razón".

El pensamiento positivo conduce al éxito. Lo primero es creer que puedes. Si no es así, al menos no se lo contagies a los demás.

Es muy importante eliminar de raíz los comportamientos tóxicos donde no se fomenta el pensamiento positivo sino todo lo contrario. Los chismorreos, la crítica, conversaciones de café no constructivas, todo ello se contagia.

"Querer es poder", *"difícil hoy, fácil mañana"*, existen cientos de pensamientos positivos que debemos potenciar dentro de nuestros equipos.

La Emoción Colectiva tiende a contagiarse

Hace unos años tuvimos la ocasión de participar en el Programa de Desarrollo del Talento de una prestigiosa multinacional española. Entonces el término "talento" estaba bastante de moda y quizás por ello el programa llevaba este término en su título, si bien había algunos detractores respecto a su uso para un programa colectivo.

Sin embargo, es cierto que el éxito colectivo es resultado del talento colectivo para desarrollar Equipos Emocionalmente Inteligentes.

Aquél programa desarrollaba unas capacidades de emoción colectiva que se contagiaba y extendías por todas las capas de la compañía. Hasta el momento, no hemos visto otro programa tan potente como aquél. Los *coach* de equipo recibían formación de destacados formadores en el mundo del liderazgo y posteriormente estos mediante "Grupos de Desarrollo de Talento" ponían en práctica y transmitían los conocimientos adquiridos.

Como consecuencia de aquél programa se establecieron unos vínculos muy potentes internos en la compañía, entre personas de áreas muy diversas, que muchos años después seguimos manteniendo con un tratamiento de hermanos.

La clave de muchos programas de MBA radica precisamente en conseguir generar este mismo tipo de intensidad en las relaciones entre sus participantes.

El rol de "Líder *Coach*" en un Equipo de Alto Rendimiento

Modelo de Liderazgo Situacional (Hersey et Blanchard)

Estamos hablando del rol del líder *coach*, pero tenemos que tener presente que existen otros roles distintos que puede tomar un líder, siempre en base a las circunstancias.

La Teoría Liderazgo Situacional desarrollado por Hersey y Blanchard, dice que el líder debe ser capaz de seleccionar el estilo de liderazgo más adecuado a en momento.

Hersey y Blanchard dicen que no existe un único o "mejor" estilo de liderazgo. El liderazgo efectivo es relevante para la tarea, y los líderes más exitosos son aquellos que son capaces de adaptar su estilo de liderazgo a la madurez de la persona o grupo con que están tratando. El liderazgo efectivo depende no sólo con la persona o grupo que estamos tratando, sino también de la tarea, trabajo o función que debemos realizar.

Esta teoría presenta en base a dos ejes, "comportamiento de apoyo" y "comportamiento directivo" los cuatro estilos de liderazgo que puede utilizar un líder en función de las necesidades:

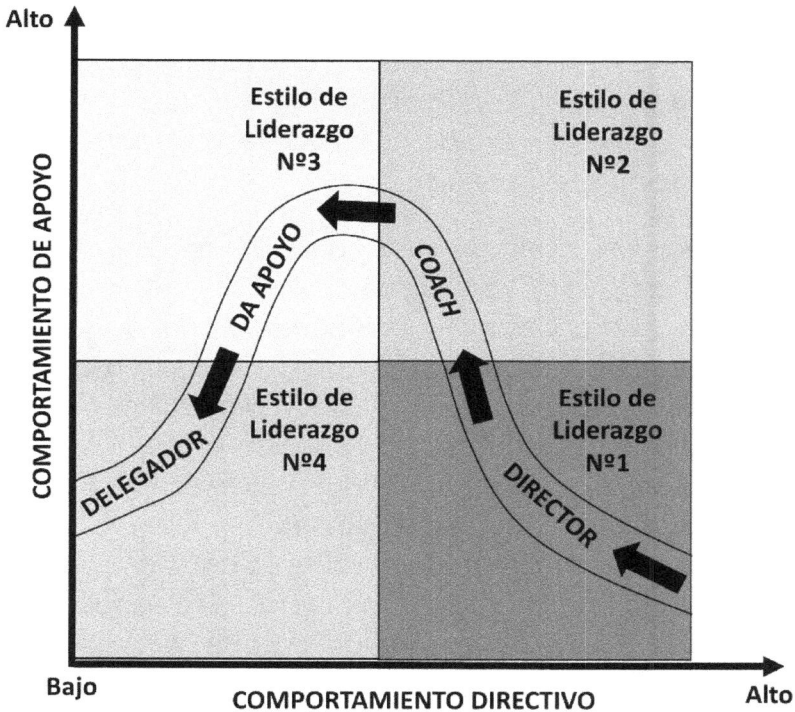

Por lo tanto, antes de entrar en "modo *coach*" debemos valorar si es el momento adecuado para ello y si será el estilo de liderazgo más efectivo en esa situación concreta.

Definición de *coach* por John C. Maxwell – pastor de *coaches*

John Maxwell lleva más de 40 años como autoridad en el campo del Liderazgo, además también es sacerdote, por tanto es pastor de los feligreses de su iglesia y también de los profesionales *coach*. Es la referencia en el mundo del *coaching*, habiendo incluso desarrollado

109

su propio programa de certificación para *coaches*: *The Certified John Maxwell Coach*, dentro del programa *The John Maxwell Certification Program*, que también incluye cerficación de formadores (*teachers*) y conferenciantes (*speakers*).

John Maxwell cuando tiene que definir qué es un *coach*, acude a la definición de su mentor John Wooden (entrenador de baloncesto): "*un coach es alguien que se te acerca y puede corregirte, sin criticar ni hacerlo de forma negativa*". John Maxwell completa esta definición diciendo que "*consiste en la habilidad de comprender a la persona. Vivir donde él vive. Pensar como él piensa. Obtener su perspectiva. Y entonces, el coach pone otra perspectiva sobre la anterior, y ahora tenemos la perspectiva completa. Ser coach es proporcionar valor a los demás, porque vemos hacia donde se dirigen las personas, qué hay todavía más allá de donde se dirigen y también qué cosas que van a tener que superar*".

La transición de jefe a "Líder *Coach*"

Hemos escuchado en numerosas ocasiones la frase "ya no se buscan jefes, se buscan líderes". Bueno, pues hoy podemos ir un poco más allá y afirmar que el papel retador y de superación necesario en un Equipo de Alto Rendimiento debe ser conducido por un Líder Coach.

Desde un enfoque Líder Coach puedes impulsar a todo tu equipo a adquirir las competencias necesarias para que se transforme en un Equipo de Alto Rendimiento.

Las **conversaciones de *coaching*** son una excelente herramienta para ayudar a los miembros de tu equipo y ayudarles que por ellos mismos encuentren las respuestas que necesitan para seguir adelante.

La actitud y lenguaje no verbal entre el Líder Coach y el *coachee* (miembro del equipo). El conocimiento de técnicas de NLP (Programación Neuro-Lingüística) es fundamental para comprender estos aspectos clave.

Un Jefe se caracteriza porque dirige, habla mucho, juzga, no permite terminar a quién hablc (ya ha escuchado bastante y ya tiene su propia idea de lo que se va a hacer), busca el control, ordena, presume, culpa a los demás de los fracasos, mantiene distancia entre los miembros del equipo, está orientado al producto o procesos (las personas están en un segundo plano) e inspira respeto.

Un Líder Coach se caracteriza porque acompaña y guía, escucha mucho, pregunta, busca compromiso, reta, analiza, asume su responsabilidad en los fracasos, promueve el trabajo en equipo (incluido él como parte del mismo), busca resultados colectivos, antepone las personas a todo lo demás e inspira confianza.

La transición no se hace de un día para otro. Requiere poco a poco ir "cambiando el chip" y practicando mantener más a menudo conversaciones de *coaching* con los miembros de su equipo (inicialmente por separado y cuando vaya cobrando más confianza también colectivas).

111

El modelo de coaching más popular es GROW, el término significa "crecer" en inglés pero además es el acrónimo de: *Goal* (meta), *current Reality* (realidad actual), *Options* (opciones) y *Will* (deseo).

Posteriormente se ha desarrollado otros modelos que incorporan algún paso adicional, como es el caso de la metodología CORAOPS: Contexto, Objetivo, Realidad, Aprendizaje, Opciones, Plan de acción y Seguimiento.

Tanto si estás liderando un programa completo de coaching como si tan solo estás liderando una conversación de coaching, seguir los pasos de estos dos modelos comentados pueden ser de utilidad para lograr grandes resultados.

A continuación damos las pautas a seguir en una conversación de *coaching*:

1. Abrir la conversación en un **contexto** de cercanía.
2. Describir el **objetivo** o propósito de la conversación de lograr una mejoría
3. Escuchar al *coachee* su **realidad**, atendiendo a los mensajes que éste nos pueda dar (creencias, pensamientos limitantes, barreras, etc.)
4. Seguir escuchando para llegar al autodescubrimiento y **aprendizaje** por parte del *coachee* (sus aptitudes, sus actitudes y conductas, sus modelos mentales) y cómo puede superarlas.

5. Contribuye a que encuentre por si mismo las **opciones**, y entre ellas escoja la más adecuada.

6. Ayúdale a diseñar un **plan** de acción para desplegar las oportunidades de mejora identificadas.

7. Ofrécete para mantener nuevamente esta conversación dentro de un plazo acordado y de este modo realizar el **seguimiento** del grado de avance de ejecución del plan.

Guía Paso a Paso para un taller *(workshop)* de Alto Rendimiento

Como hemos escrito en el prólogo, en este capítulo vamos a compartir nuestras notas de *coach* (entrenador facilitador) para la creación Equipos de Alto Rendimiento. Es un taller que hemos diseñado y puesto en práctica, logrando excelentes resultados y siendo ya un referente para la mejora de la productividad. A los participantes les encanta; ameno e intenso, los grupos comienzan a las 8:00 el primer día y antes de las 18:00 del siguiente, ya están en el camino de convertirse en un Equipo de Alto Rendimiento. Naturalmente, es sólo el inicio del proceso, la magia debe ser mantenida a través del *coaching* permanente. Sin embargo, es un poderoso enlace personalizado que produce resultados asombrosos.

Siéntete libre de usarlo con tus equipos, en su totalidad o partes del mismo. Te sorprenderán los resultados.

Taller de dos días – presentación, objetivos y estilo

El aprendizaje para mantener un equipo cohesionado, es facilitado a través de un proceso mediante el cual se refina y se pone de acuerdo sobre sus objetivos colectivos, se ponen de acuerdo sobre cómo van a trabajar juntos para lograr los objetivos, y aprenden habilidades que les permitan interactuar mejor en el logro de esos objetivos.

Al final del taller, el equipo debe ser capaz de:

- Describir los componentes de un equipo de "alto rendimiento"; evaluar la eficacia de su propio equipo;
- Entender sus objetivos de una manera alineada; tener claridad sobre su rol dentro del equipo; ponerse de acuerdo en las formas de trabajar de cara al futuro;
- Aplicar las técnicas básicas de influencia (definición de proceso, así como las habilidades prácticas);
- Comprender y ponerse de acuerdo sobre las técnicas para la gestión (definición de los procesos, así como la práctica habilidades) de conflictos;

- Aplicar una variedad de técnicas de comunicación para apoyar el trabajo en equipo efectivo (definición del proceso, así como la práctica habilidades);
- Evaluar la eficacia del equipo y tomar / recomendar las acciones apropiadas; hacer un uso más eficiente del tiempo del equipo.

El taller está diseñado para fomentar la participación de todos los miembros del equipo, proporcionando un entorno en el que todos los participantes pueden contribuir. Por lo tanto la creación de una oportunidad de dar y compartir sus puntos de vista y opiniones en un ambiente libre de antigüedades. Se empleará una serie de ejercicios creativos y actividades en equipo junto con teorías relevantes, modelos, herramientas y técnicas para dar vida a los temas y puntos clave del taller. Habrá oportunidad de participar en las actividades del equipo, así como ejercicios de habilidades interpersonales y comentarios constructivos de los demás (*feedback*) respecto a su desempeño. Habrá tiempo permitido durante todo el día para la reflexión personal.

El papel del facilitador será dirigir pequeñas sesiones basadas en teoría para preparar el terreno para el equipo, y dar lugar a grupos de discusión, actividades y ejercicios. El facilitador trabajará con el equipo y las personas a ampliar su comprensión de cómo funciona su equipo y mejorar las habilidades interpersonales individuales.

Los participantes recibirán un libro que contendrá los temas centrales y temas y permitir a los participantes para registrar sus pensamientos, ideas y el progreso a través de los dos días. Todas las herramientas, plantillas y modelos estarán contenidos en el libro.

Los procesos serán incorporados por el *coach* (entrenador facilitador) durante el curso.

El libro de los participantes no es parte de esta guía y se puede adquirir por separado. Ponte en contacto con nosotros para más detalles.

Tareas previas al taller

Para ayudar a los participantes a valorar el rendimiento del equipo actual y preparar información para su uso en el taller, las siguientes actividades deberán ser contestadas individualmente. Como facilitador es su papel asegurar que hayan leído el material, especialmente el material de trabajo previo al curso que será utiliza dentro de la formación.

Actividad Uno: Elaborar una lista personal de 10 criterios para el desarrollo de un equipo de alto desempeño. Sus criterios pueden consistir en acciones, actividades o comportamientos que conduzcan a la creación de un equipo de alto desempeño.

Actividad Dos: Valora tu equipo y desarrolla de una lista de tres cosas que los miembros del equipo deben tener en cuenta en los siguientes apartados: ¿Qué es lo que el equipo necesita mantener y continuar haciendo? ¿qué hay que darse por vencido y dejar de hacer? ¿qué hay que incorporar y hacer? Para llegar a ser un Equipo de Alto Rendimiento.

Actividad Tres: Prepara y escribe lo que ves en la dirección de tu equipo; tareas y objetivos fundamentales que dan vida a la finalidad del equipo.

Actividad Cuatro: Prepara un análisis del equipo para ayudar tú y tus compañeros valoréis los roles dentro del equipo y su contribución al equipo. Ten en cuenta los retos a los que que enfrentan y el apoyo que necesitan.

Actividad   Cinco: Lee   la   documentación proporcionada, que contendrá la lectura de fondo para los módulos de Influencia y Gestión de Conflictos.

Actividad Seis: Selecciona un escenario de la vida real que implica influir / gestión de conflictos para utilizar en una sesión de práctica.

1: Introducciones

Propósito: Bienvenida y visión general de los dos días. Ayudar a los participantes a acomodarse en el taller y dar al facilitador la oportunidad de conocer a los participantes.

Objetivos:

- Describir los componentes de un equipo de "alto rendimiento"; evaluar la eficacia de su propio equipo;
- Entender sus objetivos de una manera alineada; tener claridad sobre su rol dentro del equipo; ponerse de acuerdo en las formas de trabajar de cara al futuro;
- Aplicar las técnicas básicas de influencia (definición de proceso, así como las habilidades prácticas);
- Comprender y ponerse de acuerdo sobre las técnicas para la gestión (definición de los procesos, así como la práctica habilidades) de conflictos;
- Aplicar una variedad de técnicas de comunicación para apoyar el trabajo en equipo

efectivo (definición del proceso, así como la práctica habilidades);

- Evaluar la eficacia del equipo y tomar / recomendar las acciones apropiadas: hacer un uso más eficiente del tiempo del equipo.

Instrucciones:

Bienvenida al Taller, puesta en escena de los dos días para cubrir: Contexto - tiempos de descanso y la hora del almuerzo para el grupo; aseos; normas para fumar; los teléfonos móviles y mensajes y tiempo de finalización.

Resultados - exponer los resultados del taller. Utilice las diapositivas resultados para dar una visión general de lo que se quiere lograr dentro de los dos días.

Haga hincapié en que los dos días están sobre el equipo y el papel del *coach* es guiar, entrenar y ayudar. Hay un poco de entrenamiento, pero en general se trata de un seminario para los equipos no una tutoría del curso de formación dirigido.

Ejercicio para romper el hielo - utilice el siguiente o cualquier otro de su caja de herramientas

Supongamos que usted está perdido en una isla remota. Divide a tres equipos y decidir qué cuatro elementos que habrías traído, si hubieras sabido que te ibas a quedar aislado durante un período prolongado de tiempo. NOTA: Cada equipo sólo se permite una pieza por persona. Así, el número de elementos puede variar, dependiendo del número total de participantes por equipo. *Este ejercicio ayuda a los equipos a aprender acerca de uno de los otros valores. Asimismo, promueve el trabajo en equipo y fomenta la resolución de problemas en colaboración.*

2: Habilidades interpersonales principales

Propósito: reconocer las competencias básicas interpersonales del equipo que utilizará durante el taller.

Nota: El equipo trabaja en conjunto; el *coach* facilita y ayuda cuando sea necesario.

Instrucciones

Debate - ¿la mejor manera de aprovechar al máximo el taller?

¿Qué se puede incluir en un Acta de Compromiso del Equipo?

- Acuerdo de las personas y el Reglamento para el funcionamiento en los próximos dos días y más allá;
- El Acta puede incluir comportamientos de equipo e individuales;
- También las cosas que el equipo valora.

El equipo trabaja en conjunto para debatir y acordar una lista de equipo / habilidades individuales para los dos días, de modo que todos los miembros del equipo tienen la oportunidad de jugar un papel activo en el taller.

El equipo se completa el póster del Acta de Compromiso del Equipo que actuará como un recordatorio de las habilidades que han accedido a emplear durante todo el taller para ayudar a los dos días sin problemas.

Entregable: Reconocimiento de las competencias interpersonales básicas utilizadas en Equipos de Alto Rendimiento.

Lectura recomedada – El Acta de Compromiso del Equipo:

http://generalmanagers.org/acta-compromiso-equipo

¿Por qué desarrollar un Acta de Compromiso del Equipo?

- Desarrolla un entendimiento común de cómo los miembros del equipo se apoyen mutuamente;
- Crea las bases para trabajar juntos;
- Entender cómo cada persona puede contribuir al éxito del equipo.

¿Qué se puede incluir en un Acta de Compromiso del Equipo?

- Acuerdo de las personas y normas de funcionamiento (reglas del juego)

- Visión y objetivos compartidos
- Los valores del equipo y Creencias

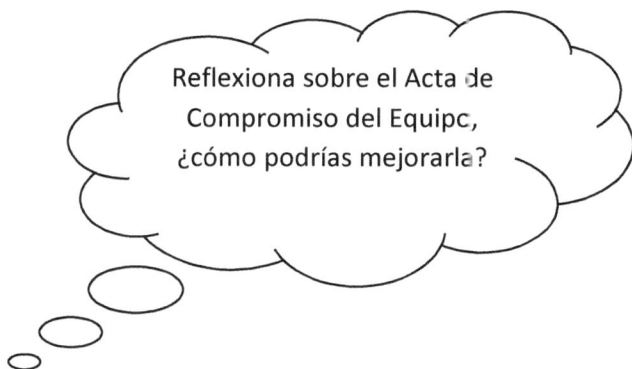

Reflexiona sobre el Acta de Compromiso del Equipo, ¿cómo podrías mejorarla?

3: Introducir la Hoja de Ruta *(roadmap)* y Modelo de Equipo

Propósito: introducir el Modelo del Equipo y entender el plan de trabajo para un equipo de alto rendimiento.

Instrucciones:

El *coach* (entrenador facilitador) lidera la sesión con la oportunidad de hacer preguntas. El *coach* comprobará el nivel de conocimiento de los participantes en relación con el Modelo de Equipo y ajustar la entrada correspondiente.

Explicar y hacer hincapié en el Modelo de Equipo, ya que se hará referencia a lo largo de los dos días:

- Acta de Compromiso del Equipo
- Roles del Equipo
- Confianza
- Relaciones
- Liderazgo

El *coach* debe entender el Modelo de Equipo y estar familiarizado con él. Asegúrate de que los participantes entienden y tienen conocimientos suficientes para utilizarlo.

126

Hoja de ruta para el desarrollo de un "equipo de alto desempeño" – resume los cuatro pasos y haz hincapié en que vamos a utilizar los cuatro pasos como base para nuestro taller:

Paso uno: Entendimiento - ¿qué es un equipo de alto desempeño?

Paso dos: Propósito y dirección - ¿Cómo vamos a lograr nuestros objetivos?

Paso tres: Contribución personal - ¿mi papel en el éxito del equipo?

Paso cuatro: Proceso de equipo - ¿Cómo interactuamos juntos? Cómo influimos unos a otros y manejar los conflictos?

Tiempo - ha transcurrido una hora

127

4: Colaboración efectiva del equipo

Propósito: entender lo que un equipo de alto rendimiento es, y las acciones para desarrollarla. Aprende el Modelo de Equipo de cinco elementos. El uso de pre-taller de trabajo # 1: Elaborar una lista personal de 10 criterios para el desarrollo de un equipo de alto desempeño.

Nota: Esta es una sesión facilitada

Instrucciones:

Comienza diciendo a los participantes que esta es una actividad dirigida a paso uno de los equipos de alto desempeño: ¿Qué es un equipo de alto desempeño? Todos tenemos nuestras propias ideas; sin embargo, la clave es: ¿cómo va a saber cuándo se ha alcanzado el estado de un equipo de alto desempeño? ¿Cuál será la evidencia?

Esta actividad también está relacionada con la pre-taller de la tarea n ° 1, donde se pidió a los participantes a "Elaborar una lista personal de 10 criterios para el desarrollo de un equipo de alto desempeño".

El equipo trabaja en conjunto para definir: trabajando como Equipo de Alto Rendimiento. Acordar por consenso un conjunto de 10 criterios para equipos de alto rendimiento. Los criterios pueden consistir en acciones, actividades o comportamientos que conduzcan a la creación de un equipo de alto desempeño.

Los recursos son: La utilización de las tareas previas al taller individuales de los participantes: elaborar una lista personal de 10 criterios para el desarrollo de un equipo de alto desempeño.

El equipo completa el ejercicio en unos 30 minutos. El equipo tiene que trabajar en consenso y sin votación.

Coach - **observa las interacciones del equipo y escribe las observaciones de base la evidencia / informativas.** Puedes utilizar el análisis de categorías interpersonales Rackham & Morgan como base para las observaciones.

Revisión de la parte uno – Contenido entregado

Céntrate en el contenido de "Lo que el equipo se ha producido a través de un criterio importante y de gran alcance para sacar adelante".

Revisión de los criterios de los equipos contra la eficacia de los equipos de alto rendimiento: uso del equipo; los objetivos del equipo; proceso de equipo; la comunicación del equipo; participación en equipo y el compromiso del equipo. Responder si tienen los elementos principales incluidos en sus criterios

Haz preguntas específicas en relación con el Modelo de Equipo: ¿Han incluido elementos de todo propósito de equipo, dirección clara, las funciones, los objetivos, los procesos, el seguimiento, la comunicación abierta, el apoyo.

¿Recuerdas el **Modelo de Equipo**?

- Acta de Compromiso del Equipo;
- Roles del equipo;
- Confianza;
- Relaciones;
- Liderazgo.

También puede ser importante estar familiarizado con el modelo de Hay Group: 5 fundamentos de los equipos:

- Dirección convincente;
- Estructura y Normas;

- Habilidades de la gente;

- Apoyo y la remuneración;

- Desarrollo.

Beneficios obtenidos (*Take Aways*):

- Saber cuáles son las acciones a tomar para desarrollar un equipo eficaz;
- Aprender los cinco pasos principales a Equipo eficacia - Hay modelos.

<u>Lectura recomedada</u> – <u>Equipos Altamente Efectivos:</u>

http://generalmanagers.org/equipos-altamente-efectivos

Grupos	Equipos
Los miembros trabajan de forma independiente	Los miembros trabajan de forma interdependiente
Los miembros se enfocan exclusivamente en sus propios objetivos	Los miembros se enfocan en los objetivos del equipos y los suyos propios
	Los objetivos son establecidos de forma colaborativa
Los objetivos son dirigidos desde arriba	
Los miembros operan fuera del proceso de toma de decisiones	Los miembros son involucrados en el proceso de toma de decisiones
	Los miembros forman relaciones basadas en la confianza, el apoyo mutuo e informales.
Los miembros estableces relaciones con cautela, formales y de forma selectiva.	
El conflicto es considerado como negativo y destructivo	El conflicto es considerado de forma pragmática como una oportunidad de aprendizaje.

132

5: Revisión del proceso – extremadamente importante

Propósito: Para aumentar la capacidad de reconocer y utilizar las habilidades interpersonales.

Nota: Esta es una sesión facilitado.

Revisión de la parte dos – Proceso de Equipo

Comentario: resumen rápido de los criterios que el equipo ha producido y remarcar los pasos necesarios para producir un equipo de Alto Desempeño.

Explica que ahora vamos a tener un **proceso de revisión** para considerar: ¿Cómo condujeron la reunión y los procesos del equipo utilizados?. Aunque se trataba de una actividad, en realidad estaban en una reunión, ya que tenía un objetivo y un resultado a lograr, dentro de un marco de tiempo.

Considera en primer lugar: el protocolo de las reuniones

Pregunta: ¿Cómo desarrolló el equipo su reunión? ¿Qué funcionó bien? ¿Qué no funcionó tan bien?

El *coach* usará el rotafolio para registrar las respuestas de los equipos y ayudar a crear un protocolo de reunión, por ejemplo: ¿Tenían una agenda? Por ejemplo dividieron la tarea en partes manejables: cómo iban a compartir la información, cuanto tiempo iban a dedicar a recopilación de información, tiempo que dedicarían a la selección de los criterios adecuados, cómo tomarían decisiones sobre el orden de prioridades.

El equipo debe reconocer que tienen un protocolo de reuniones o sino habrán generado un protocolo de reuniones con la ayuda del *coach*.

El *coach* registra la información relevante en el rotafolio para que el equipo se la pueda llevar.

Segundo: La toma de decisiones

Pregunta: ¿Cómo se toman las decisiones? ¿Qué funcionó? ¿Qué no funcionó? Sólo hay cuatro maneras claras para tomar decisiones:

- El líder, después de reunir los hechos;
- El equipo votando - rápido pero no todos estarán de acuerdo;
- El equipo encontrando el consenso - lento para requiere conseguir la voz y contribución de todos;

- Con una herramienta de toma de decisiones - la matriz de toma de decisiones.

Comentario: el equipo tiene que saber cómo se tomará una decisión específica y el papel que jugará en la decisión

El entregable aquí es que el equipo tiene que estar al tanto de los procesos de toma de decisiones y opciones que pueden utilizar.

Categorías de Comportamiento

El *coach* describirá brevemente las doce categorías interpersonales y preguntará al equipo de cuáles de las categorías de Rackham & Morgan han sido utilizados más durante la actividad (reunión).

El *coach* revelará A los equipos su puntuación en cada perfil mostrando **cuántas veces se usó cada categoría interpersonal durante el ejercicio y el impacto que esto tuvo en el equipo.**

El equipo de revisará la eficacia con que trabajaron juntos utilizando las Categorías interpersonales y considerará:

- ¿Qué funcionó bien? ¿Qué categorías positivas se utilizaron más?

- ¿Qué no funcionó tan bien? ¿Qué categorías positivas no se utilizaron y cuántas de las categorías negativas?

Nota para el *coach* - información adicional sobre las 12 categorías interpersonales de Rackham & Morgan:

1. Proponiendo = neutral (no es ni bueno ni malo), si bien si lo hacen muchos puede llegar a confundir el grupo. Esta acción debería ser asignada a unos pocos, de alta calidad. *Requerido a pocos de alta calidad;*

2. Construyendo = positivo y debe ser fomentado. *Se requiere en gran cantidad;*

3. Apoyando = positivo y debe fomentarse. *Se requiere en gran cantidad;*

4. En desacuerdo = neutral, aunque será negativo si no hay otra alternativa o un motivo para el desacuerdo. Si se dan razones entonces será más positivo. *Se requiere unos pocos pero razones de alta calidad;*

5. Bloqueando = Siempre negativo y debe evitarse. *No se requiere ninguno;*

6. Defendiéndose / Atacando = Siempre negativo y se debe evitar. *No se requiere ninguno;*

7. Conduciendo = positivo y debe potenciarse. *Se requiere cuantos sean necesarios, pero si llegase a haber demasiados, indicaría que algunos no participan;*

8. Dejando fuera = siempre negativa y debe evitarse. *No se requiere ninguno;*

9. Comprobando = positivo, ya que ayudará al grupo a mantenerse al tanto de lo que se está debatiendo. *Se requiere tantos como sea requerido;*

10. Resumiendo = Positivo como recapitulación de los puntos clave. *Se requiere de vez en cuando;*

11. Buscando de información = positivo, ya que actúa como una investigación y anima a los demás. *Se requiere tantos como sea necesario;*

12. Dando información = Neutral aunque limitado y centrado en positivo, porque los egos pueden llevarlo a negativo. *Requerido, conviene comprobar si el número coincide con el número de propuestas, como guía.*

Beneficios obtenidos (*Take Aways*):

- Aumentar la capacidad de reconocimiento y uso de habilidades interpersonales;
- Aprender las categorías de Rackham & Morgan para su uso en el equipo.

Tiempo - 3 horas han transcurrido hasta el momento

6: Evaluación de los retos

Propósito: Trabajar sobre la tarea de pre-taller número dos – Valora tu equipo y desarrolla una lista de tres cosas que los miembros del equipo deben tener en cuenta respecto a los siguientes apartados: ¿Qué deben seguir haciendo? ¿Qué dejar de seguir intentando o dejar de hacer? ¿Qué incorporar o realizar?

Objetivos:

- Describir los componentes de un equipo de "alto rendimiento"; evaluar la eficacia de su propio equipo;
- Apreciar los procesos de equipo utilizados en la actualidad y considerar cómo tienen que cambiar.

Instrucciones:

Examinar el desempeño actual equipo para asegurar los criterios para se logre un equipo de alto rendimiento de éxito.

Usar el rotafolio para informar al equipo:

- Revisar el desempeño del equipo actual con criterios de éxito (esto es el resultado del ejercicio 10 criterios para equipos de alto rendimiento);
- ¿Qué acciones, actividades y comportamientos no queremos seguir haciendo?

Estas son las acciones y actividades que apoyan los criterios elaborados. <u>Por ejemplo</u>: "vamos a seguir estableciendo objetivos o vamos a seguir celebrando reuniones mensuales del equipo de ayuda a las comunicaciones."

- ¿Qué acciones, actividades y comportamientos es lo que queremos dejar?

Estas son las acciones y actividades que restan u obstaculizan al equipo el logro de sus criterios. Por ejemplo: "tenemos que dejar de gastar tanto tiempo debatiendo temas y no tomar decisiones o tenemos que dejar de celebrar de tantas reuniones o tenemos que dejar de discutir sobre las principales responsabilidades."

- ¿Qué acciones, actividades y comportamientos es lo que queremos añadir o realizar?

Estas son las acciones o actividades que necesitan ser iniciadas para lograr sus criterios. <u>Por ejemplo</u>: "Tenemos que abrir los canales de comunicación o que tenemos que estar de acuerdo los objetivos del equipo o tenemos que desarrollar más los procesos del equipo."

La prioridad de dichas cuestiones acuerda por el equipo y se registra en el rotafolio para llevarnos de vuelta al lugar de trabajo.

El *coach* debe facilitar un **proceso de revisión basado en el protocolo de reuniones y toma de decisiones.** ¿Siguieron algún protocolo de reunión? ¿El equipo toma de decisiones de forma clara?

Beneficio (*Take Away*): Apreciar los procesos de equipo utilizados en la actualidad y considerar cómo tienen que cambiar.

7: Propósito y dirección

Propósito: entender el nivel dos: Propósito y dirección - ¿Cómo vamos a lograr nuestros objetivos?

Objetivos:

- Ponerse de acuerdo sobre la dirección del equipo; tareas clave y los objetivos de trabajo;

- Ser capaces de aplicar la teoría de Hay dentro del lugar de trabajo.

Relacionado con la actividad de pre-taller número tres: Preparar y escribir lo que piensas que son tus equipos: en cuanto a dirección; tareas y objetivos fundamentales que dan vida a la finalidad al equipo.

Instrucciones:

Hay Group – el Modelo de Equipo enlaza con la actividad del Acta de Compromiso del Equipo realizada anteriormente. (el facilitador realiza una breve sesión sobre el *Hay Group*)

El *coach* informa al equipo sobre la actividad y facilita una discusión donde los miembros individuales del equipo pueden discutir abiertamente sus puntos de vista sobre la dirección del equipo, las tareas clave y los objetivos de la tarea.

Nota: Los participantes han comenzado esta actividad dentro de sus tareas previas al taller así que esto no es más que la combinación de la información.

La actividad puede llevarse a cabo en pequeños grupos de tres o cuatro. La tarea consiste en: escribir una página en el rotafolio que indique claramente la dirección del equipo = en este caso de uso, ¿qué debe hacer el equipo aquí?

Para lograr el propósito, ¿cuáles son las **principales tareas que necesitan lograr**? Las principales tareas necesitan ser definidas en términos de objetivos de tareas.

Los grupos trabajan para escribir un rotafolio que describa la dirección, las tareas clave del equipo y los objetivos de la tarea.

Comentario: reunir a los pequeños grupos y mostrar los rotafolios y comparar y contrastar el propósito, las tareas y los objetivos producidos por los equipos clave y facilitar un debate de acuerdo con el equipo de la finalidad, tareas y objetivos fundamentales de la tarea.

Hacer hincapié en la necesidad de que los procesos de equipo eficaces. Por ejemplo: el protocolo de reuniones, toma de decisiones y el seguimiento del desempeño como esenciales para el trabajo en equipo eficaz y el control por equipos.

Beneficios obtenidos (*Take Aways*):

- Un acuerdo de equipo en la dirección del equipo; tareas clave y los objetivos de trabajo;

- Ser capaz de aplicar la teoría de Hay en el lugar de trabajo.

8: Objetivos de las tareas

Propósito: tener claridad sobre su rol dentro del equipo; ponerse de acuerdo en las formas de trabajar, de seguir adelante. Asegurar que los objetivos del equipo están en línea con el siguiente modelo:

- El objetivo es fácil de entender;
- El objetivo puede ser gestionado;
- Las condiciones existen que conducirá al éxito y logro;
- El objetivo ayuda a alcanzar equipo o unidad de negocio objetivos;
- Se han identificado los plazos para el objetivo.

Instrucciones:

Describir los dos tipos de objetivos: **de tarea y de conducta.**

Cada uno de los pequeños grupos coge un número de los objetivos del equipo y se deben asegurar que el objetivo se ajusta al modelo que se muestra arriba.

El equipo muestra los objetivos para una sesión de debate.

Dentro de los pequeños grupos de los equipos valoran lo que los otros equipos se han realizado y, si necesario, dan sugerencias para mejorar la calidad de dichos objetivos. El *coach* deberá hacer hincapié en el uso de objetivos dentro del equipo y con fines de seguimiento/monitorización.

Beneficios obtenidos (*Take Aways*): capacidad de crear objetivos precisos para ayudar a la supervisión del rendimiento.

9: Objetivos de conducta – extremadamente importante!

Propósito: Aplicar un abanico de técnicas de comunicación que permitan al equipo trabajar de una forma eficaz y aprender a utilizar objetivos de Conducta:

Instrucciones:

El equipo revisa el Acta de Compromiso del Equipo y acuerda los elementos más importantes que necesitan utilizar para lograr los objetivos de trabajo del equipo. El equipo acuerda sus cuatro principales elementos/valores y luego los lleva a la realidad a través del desarrollo de los objetivos de conducta, para ayudar a monitorizar el rendimiento del equipo y construir compromisos personales.

<u>Por ejemplo</u>, pueden haber escrito: apoyarnos mutuamente o aseguramos que usamos eficazmente nuestro el tiempo. **El equipo necesita establecer objetivos de conducta para garantizar que esas formas valiosas de comportamiento sean registradas y monitorizadas.**

El *coach* lidera una sesión sobre Objetivos de Conducta

Se realiza una sesión corta sobre los objetivos de conducta - la creación de objetivos claros de conducta para asegurar que todos los participantes entiendan el proceso.

Cuando proceda, el *coach* para tomar uno de los valores de los equipos como <u>por ejemplo</u>: "nos apoyamos los unos a los otros durante el tiempo de presión y desarrollamos en equipo los comportamientos de conducta positivos y negativos."

Informe de Actividad - Producir los cuatro objetivos de conducta

El *coach* informa al equipo sobre la próxima actividad que consiste en la creación de objetivos de conducta por lo que el equipo puede controlar su conducta frente a los objetivos.

Coach **para facilitar la actividad.**

El equipo elabora un borrador de Objetivos de Conducta para garantizar esas habilidades son utilizadas y controladas dentro del equipo.

Beneficios obtenidos (*Take Aways*):

- Aprender a utilizar Objetivos de Conducta
- Compromiso de las personas para utilizar las habilidades acordadas

Lectura recomendada – Creando Objetivos de Conducta Claros:

http://generalmanagers.org/objetivos-conducta-claros

'Objetivos de Conducta' son objetivos que son cualitativos, es decir, más difíciles de medir con números o resultados específicos individuales. Son muy útiles para el desarrollo del equipo y ayudar a los equipos a centrarse en los comportamientos necesarios para tener éxito.

- Para crear objetivos de conducta claros se requiere que seas capaz de identificar dos tipos de resultados asociados con el objetivo:
  - o Habilidades o conducta que deseas ver que suceda como una "medida" de está logrando este objetivo;

- o Habilidades o conducta que no quieres ver que sucedan - o si se producen, demuestran que no se está cumpliendo el objetivo.
- Para comprobar los logros necesitas ver y hablar con los demás, porque el éxito se basa en lo que ve y oye.
  - o Los resultados que quieres ver se llaman "indicadores positivos";
  - o Los resultados que no quieres ver se llaman "indicadores negativos".

Aquí tienes un ejemplo de Objetivos de Conducta

Objetivo: ser un miembro de equipo efectivo

Indicadores Positivos	Indicadores Negativos
	Se mantiene en sus ideas y no proporciona visión en sus reuniones (se lo queda para él)
Comparte su conodimiento e ideas con los demás	
Ayuda a los demás cuando tienen dificultades	Evita implicarse - lo percibe como un tema o problema que de la otra persona
Proporciona retroalimentación honesta, abierta y útil	Solo da visiones negativas respecto al equipo y ve más problemas que soluciones
Mantiene informados a sus compañeros sobre temas y problemas que puedan impactar al equipo	Percibe el conocimiento como poder y no comparte la información
Pregunta y solicita ayuda cuando no está seguro respecto a qué acción tomar	No solicita ayuda o apoyo cuando se encuentra bajo presión

150

10: Claridad de roles dentro del equipo

Propósito: para entender el paso tres: contribución Personal - mi papel en el éxito del equipo.

Pre-taller de la tarea cuatro: mi papel en el equipo de alto desempeño. Las personas valoran su papel y su contribución al equipo y completan el análisis del equipo.

Instrucciones:

Actividad Individual y resultados compartidos.

El *coach* esboza el análisis del equipo.

Los participantes se preparan para el ejercicio utilizando notas en *post-it* para apuntar la información que van a compartir con el equipo.

El *coach* facilita un debate donde cada miembro del equipo tenga un turno en la descripción de su papel dentro del equipo.

- Mi papel dentro del equipo: Indica tu rol y responsabilidades clave dentro de tu equipo;
- Retos: Desafíos a los que te enfrentas con su función y tus responsabilidades;

151

- Soporte: Apoyo que otros miembros del equipo pueden darte para superar los desafíos.

El *coach* tendrá que asegurarse de que cada persona tiene un turno y el equipo reta y apoya a cada uno en sus problemas y encuentra soluciones viables a los problemas planteados.

Asegúrate de que haya un debate y toma de conciencia sobre de las diferentes formas en que un equipo puede funcionar, es decir, el líder tiene que tomar decisiones, el líder puede delegar el juicio de experto (y de orientación a la toma de decisiones) a un miembro del equipo, los miembros del equipo pueden trabajar solos o en pequeños grupos como expertos en la materia antes de informar de nuevo a todo el equipo, el equipo puede tener que trabajar como una unidad completa en algunas actividades, etc.

Beneficios obtenidos (*Take Aways*):

- Identificar los roles dentro del equipo y cómo el equipo puede desafiar y apoyarse mutuamente.

11: Recapitulación y compromisos

Propósito: Revisar el aprendizaje del día y generar un plan de acción personal para ponerlo en práctica en el trabajo.

Instrucciones:

Desarrollo de planes de acción individuales y compromisos para el desarrollo del Equipo de Alto Desempeño.

Debate Facilitado

El *coach* establece la actividad usando la plantilla: *el plan de acción personal.*

http://generalmanagers.org/plan-acción-personal

Permitir a los participantes tiempo de reflexión individual antes de facilitar un debate sobre sus planes de acción personal.

Beneficios obtenidos (*Take Aways*):

Un plan de acción personal que poder monitorizar.

Final del primer día

12: Revisión y establecimiento del escenario – Segundo día

Propósito: Asegurar que los participantes están en un modo receptivo.

Instrucciones:

Sesión liderada por el *coach*. Considera utilizar elemento para cortar el hielo o energizante para conseguir mantener el curso en movimiento.

Repasar los textos del día anterior y el aprendizaje. El *coach* facilita una sesión interactiva para debatir el aprendizaje a partir del día anterior.

El *coach* también se centrará en el ejercicio de análisis del equipo del día anterior para asegurar que todos los temas relacionados con los desafíos y el apoyo necesarios han sido cubiertos.

Presentar brevemente los materiales que se utilizarán en esta próxima sesión del taller - sentar las bases para el segundo día del taller.

13: Ejercicio interactivo de equipo

Propósito: Poner las ideas en práctica, para consolidar las habilidades adquiridas en el primer día, herramientas y plantillas.

Instrucciones:

La construcción de una torre de televisión – Juego de Equipo

- Divide el equipo en tres equipos de igual tamaño. Da instrucciones de la actividad al equipo mediante un folleto;
- Los participantes tomarán parte en un ejercicio interactivo de trabajo en pequeños grupos;
- Cada equipo seleccionará un líder y el *coach* informará al líder que a su vez informe a su equipo;
- Los equipos comenzarán a planificar y construir sus torres.

El *coach* emitirá otro conjunto de directrices en el ejercicio después de unos 10 minutos, dando instrucciones a los equipos de que ahora tendrán que colaborar para ganar el juego.

El *coach* observará a los equipos, sus comportamientos positivos y negativos y los procesos que están usando para la revisión que se realizará a continuación.

El *coach* conduce la revisión:

Los miembros del equipo completarán la revisión de los procesos de equipo en su libro de trabajo del equipo en el que han trabajado. Luego revisará el desempeño del equipo. Finalmente tendrán que informar a todo el grupo su valoración.

Llevar a cabo un debate facilitado con todo el equipo respecto al aprendizaje del ejercicio.

Nota: Durante la revisión de asegúrate de que cada equipo tenía un objetivo respecto al que podremos medirle. También verifica que los comportamientos del equipo han coincidido con los objetivos de conducta y habilidades alineados con los positivos de Rackham y Morgan - Categorías interpersonales.

Beneficios obtenidos (*Take Aways*):

Consolidación de las habilidades, herramientas y plantillas aprendidas el primer día.

Tiempo – han transcurrido hasta ahora 2 horas

156

14: Habilidades que influyen en los Equipos de Alto Rendimiento – parte teórica

Propósito: Entender la necesidad de aplicar un proceso transparente cuando se trabaja con habilidades de influencia.

Objetivos:

- Comprender la forma en que influimos a los demás y gestionamos los conflictos;
- Examinar estilos de influencia y explorar el uso apropiado de cada estilo.

Referencias:

Paso cuatro: proceso de equipo - ¿Cómo interactuamos juntos? Cómo influimos unos a otros y manejamos los conflictos?

Leer la documentación proporcionada, que contendrá la lectura a fondo del artículo de Influencia y Gestión de Conflictos: tarea cinco previa al taller.

http://generalmanagers.org/influencia-y-gestion-conflictos

Instrucciones:

Estilos de influencia – Estilos de empujar y tirar (*push and pull*)

El *coach* lidera la sesión y debate utilizando el material del pre-taller.

Revisa el rango de estilos y debate los estilos individuales más utilizados.

Influenciando: los Estilos y Habilidades

ENERGÍA	ESTILO	HABILIDADES	PALABRAS MÁGICAS
Empujar (push)	Persuadiendo	Proponiendo	"Propongo... Sugiero... Sería una buena idea si..."
		Razonando	"Con motivo de las siguiente dos razones..."
Empujar (push)	Afirmando	Lo que quieres/necesitas	"Quiero que tu... Necesito que tu... Espero de ti..."
		Retroalimentación directa	"Me gusta la forma en que tu... No me gusta la forma en que tu..."
		Incentivos/Presiones	"Si tu haces esto: entonces yo haré por ti..." (Incentivo)
			"Si tu haces esto: entonces yo me veré obligado a hacer..." (Presión)
Tirar (pull)	Involucrando	Alentando	"Tienes buenas ideas en esto Víctor. Cual es tu visión?"
		Escuchando	"Me parece que lo que estas diciendo es..."
		Compartiendo sentimientos	contenido, significado, sentimiento
			"Estoy muy emocionado con lo que dices ... Me preocupa ... Me siento inseguro ... No me siento cómodo con nuestra discusión ..."
Empujar (push)	Inspirando	Pintando una escena	"Imagina ... Puedo ver ... La foto que tengo hacia dónde vamos es ..." Ver, oír, sentir
		Intereses comunes	"Lo que tenemos en común es..." "En lo que estamos de acuerdo es..."
Reducir	Retirando	Desmarcándose	"Necesito tiempo para pensar en tus propuestas..."
		Desconectando	"Esto está siendo muy acalorado, tomémonos un descanso"

Conducir el ejercicio basándonos en la actividad de lectura.

Divide en dos equipos

Pide al equipo escribir en el rotafolio los títulos Energía / Estilos / Habilidades. Luego pídeles que los completen escribiendo las palabras adecuadas en base a la lectura del pre-taller de los epígrafes correspondientes.

Los equipos y los individuos dentro de los equipos tienen que identificar cómo cada uno de los miembros del equipo influye en que el equipo se desarrolle y crezca.

Pide al equipo que utilice los estilos más habituales dentro del equipo y pregunta a las personas qué estilo utilizan.

Pregunta qué estilos de influencia utiliza cada uno de los participantes: estilos "tirar y empujar" (*push and pull*).

Considera cómo el equipo influye en las personas fuera del equipo.

Debate facilitado: el *coach* establece la actividad usando la plantilla: *el plan de acción personal*

Pregunta: ¿Qué estilos se utilizan más?

Reflexiona sobre tu estilo de influencia, ¿puedes adoptar otros estilos?

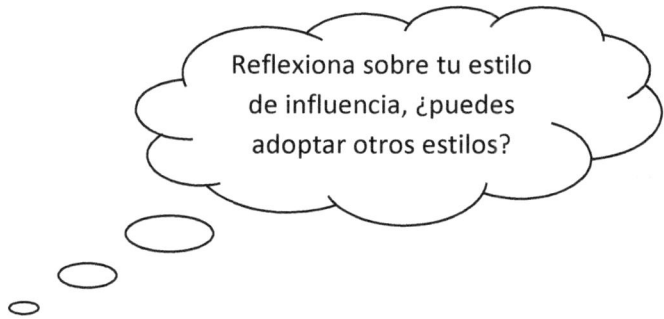

Estrategias de Influencia

ESTRATEGIA	ETAPA	TAREAS CLAVE	ESTILOS
Suave		Presentaciones	
	Plantea tu visión del problema	concisas	PERSUADIENDO
		Buscando	
	Clarifica la percepción de los demás	retroalimentación	INVOLUCRANDO
	Acepta el problema (su existencia)	Escuchando	INVOLUCRANDO
	Busca soluciones:		
	• Propón la tuya		INVOLUCRANDO
	• Invita a que los demás aporten la		
	suya		INVOLUCRANDO
	• Encuentra la mejor solución		
	conjunta		INSPIRANDO
Dura		Presentación	
	Haz una propuesta	asertiva	AFIRMANDO
		Escuchando /	
	Obtén reacciones	resumiendo	PERSUADIENDO
	Resume y comprueba	Preguntando	INVOLUCRANDO
		Genera	
		compromiso /	
		conseguir el	INVOLUCRANDO
	Haz frente a las objeciones	cumplimiento	AFIRMANDO
	Resultado	Resume	INVOLUCRANDO

Beneficios obtenidos (*Take Aways*):

Un plan de acción personal para monitorizar tu influencia dentro del equipo.

15: Ejercicio de habilidades de influencia - práctica

Propósito: Aplicar técnicas básicas de influencia y un gran abanico de técnicas de comunicación para apoyar un trabajo en equipo efectivo. Realizar una verificación personal del nivel de competencia respecto a habilidades de influencia.

Instrucciones:

Entender las habilidades que se usan para influir. Esta sesión se divide en dos partes y la segunda parte se basa en la primera.

En la segunda parte el *coach* dirige una sesión corta para identificar las habilidades que pueden utilizar durante una reunión cuando estén tratando de influir en otra persona. Los participantes pueden apuntar estas habilidades en la página correspondiente del libro: *notas de habilidades de influencia*.

En la segunda parte los participantes trabajarán en tríos para utilizar las habilidades y poner en práctica de los estilos "empujar y tirar". Se animará a los participantes a intercambiarse unos a otros comentarios sobre el uso de los estilos.

El *coach* trabajará como instructor durante la sesión y, a continuación, ejecuta una sesión facilitada para valorar el proceso que se utiliza dentro de las sesiones de influencia.

Parte 1: Comprender las habilidades para influir: el equipo se ejercita desarrollando una lista de habilidades necesarias, al tiempo que también pone en práctica la 'influencia con revisiones' y acuerda las habilidades principales necesarias para ello.

Informar al Equipo:

Dos equipos - cada equipo utiliza notas en *post-it* para recoger ideas. Luego compara y contrasta para decidir las competencias clave necesarias para influir.

Habilidades para influir - Dar información para enfatizar los dos procesos.

Parte 2: Práctica

Desarrollar un escenario de debate de un caso de estudio relevante para practicar el uso de las habilidades de influencia y los diferentes estilos de influencia.

Se animará a los participantes a utilizar el estilo de influencia que habitualmente no utilizarían y que pueda ser retador para ellos. Se les solicitará no utilizar su estilo preferido.

Brevemente con participantes:

Trabajar en tríos utilizando los escenarios de influencia.

Cada persona tendrá su turno en:

- Observador: Persona que vigila y da información al influyente;
- Influyente: Persona que practica las habilidades;
- Objetivo: persona que está siendo influenciada y está utilizando los detalles en el escenario para ayudar a practicar al influyente.

Cada persona tendrá 20 minutos para practicar como influyente. En el momento en que seleccione el escenario predefinido tendrá tres minutos para prepararse. A continuación, pondrá a prueba sus habilidades a través de su estilo seleccionado, y recibirá comentarios constructivos (*feedback*) del observador: qué hizo bien y un consejo para mejorar.

Tiempo de Reflexión

Al final de la práctica habrá un tiempo de reflexión personal para valorar qué habilidades necesitan mejorar y qué estilos practicar.

Beneficios obtenidos (*Take Aways*):

Concienciación personal del nivel de competencia con las habilidades de influencia.

Tiempo – han transcurrido 4 horas – es momento de ir a comer

16: Gestión de Conflictos – teoría y práctica conducida

Propósito: Comprender y ponerse de acuerdo sobre las técnicas para la gestión de conflictos. Aplicar una variedad de técnicas de comunicación para apoyar el trabajo en equipo eficaz.

Referencia:

Tarea de cinco previa al taller:

http://generalmanagers.org/influencia-y-gestion-conflictos

Lea la documentación proporcionada, que contendrá la lectura de fondo del artículo de Influencia y Gestión de Conflictos.

Instrucciones:

Las herramientas y técnicas para la gestión de conflictos - con base también en el artículo de influencia. Página del *workbook* (punto del artículo): comprender el conflicto - sólo información general.

El *coach* puede debatir las habilidades para la inserción y extracción de estilos, pero sólo si hay tiempo suficiente.

El *coach* explica, en relación con el modelo Jean Lebedun, que el conflicto es sobre las diferencias y siempre hay diferentes puntos de vista. Exploramos los procesos que ayudan con la planificación y resolución de problemas en el lugar de trabajo.

Los dos modelos:

- reducir las diferencias en el acuerdo mediante la evaluación de los niveles de conflicto;
- evaluar la situación mediante la comprensión de las diferentes percepciones.

Hacer hincapié en el uso de plantillas y procesos como parte integrante del trabajo de un equipo de alto rendimiento y la gestión eficaz del tiempo dentro del equipo.

Beneficios obtenidos (*Take Aways*):

Has aprendido a utilizar dos enfoques de gestión de conflictos.

1 - Cuatro niveles de conflicto

Debatir sobre los niveles de conflicto y después animar a los participantes a identificar sus escenarios en la "vida real" para el ejercicio.

- Nivel 1: El conflicto sobre hechos y datos;
- Nivel 2: Los conflictos por el proceso o métodos;
- Nivel 3: El conflicto por el propósito;
- Nivel 4: El conflicto sobre valores.

Los participantes analizar qué nivel de conflicto está dentro del escenario y por qué el nivel particular de

167

conflicto se ha convertido en un problema. En parejas o tríos, los participantes valoran el escenario de los otros y revisan los niveles de conflicto contra el escenario de cada uno. A continuación, acuerdan el nivel de conflicto apropiado para cada escenario.

Los participantes a utilizan la página del *workbook* respecto al punto que detalla los Niveles de conflicto del artículo de Influencia y Gestión de Conflictos.

http://generalmanagers.org/influencia-y-gestion-conflictos

Se realiza la evaluación de los escenarios de la vida real individuales contra los cuatro niveles de conflicto, donde las parejas discuten los cuatro niveles y los relacionan con su propio escenario.

2 - Reducir las diferencias en el acuerdo

El objetivo es llevar a cabo una evaluación de la situación mediante la comprensión de las diferentes percepciones entre las partes.

Discutir las posiciones perceptivas de Robert Dilts y animar a los participantes a considerar sus escenarios y elaborar una lista de sus pensamientos respecto a cada uno de los tres puntos de vista.

Ver a continuación:

- ¿Cómo yo defino la situación? - ¿cuáles son mis hechos, pensamientos e ideas relativas a la situación?;

- ¿Cómo definen los demás el problema? - especialmente la otra parte, la persona con la que tengo el problema, definir los hechos, qué pensamientos pueden tener los demás del tema, qué ideas podrían tener estos en relación con la situación;

- ¿Cómo definiría un observador el problema? - después de escuchar mi punto de vista y el punto de vista de la otra parte, qué pensamientos puede tener un observador respecto al tema, qué ideas podrían haber en relación con la situación como un observador imparcial.

Debatir e interrogar

Los participantes usarán la página del *workbook* con el artículo: Modelo de Planificación de Influencia.

http://generalmanagers.org/modelo-planificacion-influencia

Acortar distancias a considerar diferentes percepciones utilizando escenarios reales individuales con revisión.

En parejas o tríos revisar cada escenario y añadir pensamientos e ideas para construir una descripción múltiple desde las tres perspectivas (propia, del otro, del observador).

Beneficios obtenidos *(Take Aways)*:

Has conseguido elaborar una descripción de las tres perspectivas.

Material del *coach* – Comprendiendo el conflicto

> *"El conflicto es una lucha entre dos partes que perciben sus objetivos incompatibles"*

La primera parte de la definición nos recuerda que el conflicto siempre tiene dos caras. Pueden ser dos personas o dos grupos de personas. En el trabajo a menudo vemos conflictos respecto a dos turnos, dos departamentos, dos divisiones regionales, o sólo dos facciones que han atraído a una batalla en torno a un tema en particular.

En la gestión de los conflictos, el trabajo consiste en encontrar la manera de que esos objetivos pueden llegar a ser compatibles de forma que ambos lados puedan cumplir una parte, la mayoría, o la totalidad de lo que quieren. Es un reto, y sin duda requiere de una asociación, no una guerra. Analizar cuidadosamente la situación de conflicto ayudará a comenzar a construir esa asociación. El análisis de las emociones detrás del conflicto y permitir que esas emociones sean expresadas son los primeros pasos clave en la gestión de conflictos.

El conflicto ocurre

La gente en el trabajo tiende a estar en desacuerdo sobre aspectos tales como: No hay material suficiente. No hay tiempo suficiente. No hay suficiente dinero. No hay suficientes personas. No hay suficiente espacio.

Hay diferentes formas de ver las cosas. Hay diferentes culturas. Hay diferentes necesidades. Existen diferentes planes. Hay diferentes puntos de vista de nosotros mismos, del mundo, y donde encajamos en todo.

El conflicto es sobre las diferencias. Las personas tienen diferentes preferencias, hábitos y opiniones, y en ocasiones esas diferencias crean conflicto. Debido a la creciente diversidad de la fuerza de trabajo, estamos viendo más conflictos en el trabajo que nunca.

El cambio también genera conflictos en el trabajo. En tiempos de cambio, experimentamos alto *stress*, líneas de responsabilidad poco claras y falta de comunicación. Todas estas realidades crean un ambiente ideal para el conflicto.

Referencia: Managing Workplace Conflict – Jean Lebedun, Ph. D.

17: Conflicto – Ejercicio

Propósito: Experimentar con las plantillas de planificación de gestión de conflictos.

Pre-taller de trabajo de seis: Seleccionar un escenario de la vida real que implique influir / gestionar en conflictos para realizar una sesión de práctica.

Instrucciones:

Ejercicio individual; considerar la forma de abordar dicho escenario de la vida real en una sesión práctica. El *coach* debe observar, aconsejar, facilitar y dar información adecuada.

Brevemente describir la plantilla; pensar en ello, preparar y elegir la base, orientar dicha explicación hacia lo que quieres que suceda.

Consejos para la preparación:

- ¿Qué estilo de se va a usar: *push* o *pull*?
- ¿Qué nivel de conflicto van los participante a tratar?
- ¿Qué información tiene el participante obtenida del ejercicio de percepción de posiciones?
- ¿Qué cantidad de información se recopilará – en base a preguntas?

- ¿Qué información deberá entregarse entrega al final del ejercicio?

Sesión Práctica – parejas para practicar un juego de rol

Gestionando diferencias y conflictos - los participantes deberán trabajar en parejas / tríos para practicar las habilidades de gestión de diferencias y conflictos.

Los participantes utilizarán situaciones de la "vida real" para practicar dichas habilidades y recibir comentarios constructivos (*feedback*) en relación con lo que ha funcionado bien y consejos para mejorar.

En parejas – turnarse para ser la persona influyente y ser la persona objetivo del escenario de influencia.

Después de cada práctica de influencia, parar y revisar: ¿Qué ha ido bien? ¿qué se podría haber hecho de otro modo? La persona que era el objetivo debe darnos su impresión.

Luego cambiar de papeles y repetir el ejercicio. El *coach* debe establecer los tiempos.

Asegúrate de que todos los participantes tengan la oportunidad de practicar.

174

El *coach* debe observar, aconsejar, entrenar y dar información adecuada.

Beneficios obtenidos (*Take Aways*): Has Practicado las habilidades de gestión de conflictos y concienciación personal sobre lo bien que el equipo utiliza dichas habilidades.

18: Haciendo que suceda – ejercicio interactivo final

Propósito: Consolidar todos los nuevos procesos y habilidades del equipo.

Instrucciones:

Actividad facilitada.

Imaginando el viaje que el equipo tiene que hacer:

- Desde Nuestro pasado - el enfoque anterior;
- Hacia nuestro futuro - el nuevo enfoque.

Actividad de composición *(collage)*

Trabajando en pequeños grupos, los participantes prepararán un collage de periódicos y revistas para representar el antiguo enfoque y el traslado al nuevo enfoque de Equipo de Alto Rendimiento.

Los equipos también prepararán un pequeño informe para mostrar al *coach* y los otros equipos.

Revisión de sus hallazgos – el *coach* facilitará una discusión corta sobre las conclusiones que se pueden extraer de la actividad.

El *coach* facilitará un debate con todo el equipo con respecto al aprendizaje del ejercicio.

Beneficios obtenidos (*Take Aways*):

La consolidación de todos los nuevos procesos y habilidades de equipo.

19: Compromiso

Propósito: Acciones y compromisos para adoptar "Mejores Prácticas".

Instrucciones:

Plan de Acción del Equipo

El *coach* presentará al equipo las actividades del artículo:

http://generalmanagers.org/a-donde-vamos-desde-aqui

Utilizando la diapositiva: *Proceso de Revisión del Equipo*, para ayudar a centrar al equipo y las personas, qué necesitan iniciar y también dejar de hacer, para pasar a ser un Equipo de Alto Desempeño.

El resultado de la actividad del *collage: nuestro futuro - el nuevo enfoque*, es un buen punto de partida y puede servir como base para el Plan de Acción del Equipo.

Cada individuo prepara planes de acción

Cada persona establecerá sus propios compromisos individuales para ayudar al proceso de desarrollo del equipo.

El equipo ya ha acordado un plan de acción con los primeros pasos que debe dar para pasar a ser un Equipo de Alto Rendimiento.

El *coach* facilitará la actividad para mantener un debate de revisión del aprendizaje mientras se revisan los planes de acción.

Beneficios obtenidos (*Take Aways*):

Has conseguido elaborar Planes de Acción de Equipo e Individuales.

Actividades posteriores al taller

Recuerde a los participantes que después del taller, el equipo y las personas deben realizar revisiones de progreso:

- Las personas se reunirán con su gerente para analizar el progreso de su Plan de Acción;
- El equipo se reunirá para analizar cómo están progresando respecto el Plan de Acción del Equipo.;
- El equipo utilizará la plantilla utilizada durante el taller - del artículo:

http://generalmanagers.org/a-donde-vamos-desde-aqui

Dar gracias a todos los participantes y equipos

Cerrar el Taller

Tiempo – Fin del Segundo día

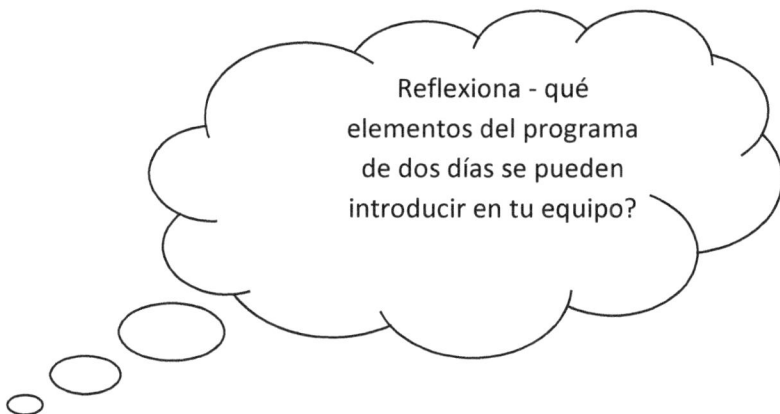

Reflexiona - qué elementos del programa de dos días se pueden introducir en tu equipo?

179

Conclusiones

La creación de un equipo virtual de alto rendimiento conlleva desafíos especiales que no existen para un equipo con ubicación compartida. La mayoría de estos desafíos surgen con motivo de la diversidad de orígenes culturales y la dificultad de las comunicaciones. Es fundamental que el equipo desarrolle protocolos de comunicación que permitan establecer de forma efectiva tanto la comunicación formal como la informal.

Internet ofrece numerosas herramientas que pueden utilizarse para desarrollar estos protocolos de comunicación. Utilizando activamente la tecnología disponible en Internet hace posible que los miembros de equipo, incluso los aislados, se sientan como partes integrantes del equipo. A medida que se sienten más conectados, se vuelven más eficaces. A medida que los miembros del equipo llegan a conocerse mejor, se comunican más, colaboran más y aumenta la sinergia de los equipos.

Los sistemas (hábitos de trabajo) pueden tener que ser modificados para trabajar como equipo virtual, especialmente los sistemas que han sido desarrollados para los equipos estáticos. Cosas sencillas, que apenas requieren unos minutos para ser completadas cuando todos pueden reunirse físicamente, se convierten en un reto cuando los miembros del equipo se encuentran distribuidos. Puede ser necesario modificar normas y políticas para adaptarse a las necesidades del equipo.

El líder de equipo es crucial para convertir el equipo en un Equipo de Alto Rendimiento. Él establece el clima en el equipo. Si es positivo, optimista, orientado y centrado en ayudar a los miembros del equipo, el equipo adoptará esos comportamientos y reflejará esas actitudes.

Cuanto más sea capaz el líder de equipo de ganarse la confianza de su equipo, mayor probabilidad tendrá ese equipo en convertirse en un Equipo de Alto Rendimiento. Ganar su confianza es el resultado de ser honesto, preocuparse por ellos, hacer lo que dices que vas a hacer, y mostrando una verdadera preocupación por las necesidades de los miembros del equipo.

Resumen del Decálogo

Clave 1: Tiene Objetivos y Planes Claros

Para que un equipo pueda ser efectivo, los miembros del equipo deben conocer a dónde se dirigen y cómo van a hacer para llegar allí. Los objetivos y planes no son algo que pueda ser únicamente dictado al equipo desde arriba, por lo contrario deben ser desarrollados por el equipo en su conjunto, incluyendo objetivos intermedios que serán utilizados como hitos.

A pesar de que todos los planes sufren problemas que pueden causar que estos cambien, sin un plan no existe posibilidad de conocer si vamos según lo previsto. Sin embargo no es suficiente con que el equipo desarrolle objetivos claros, para que el equipo alcance su alto rendimiento; cada uno de los miembros del equipo debe comprar dichos objetivos. "Comprar" es presentarse uno mismo como agente activo del éxito del equipo. Esto tiene que ser promovido de arriba a abajo (*top/down*) y también modelado de arriba a abajo. A lo largo de nuestros años de experiencia realizando *coaching* hemos aprendido que para lograr que se "compren" los objetivos por parte del equipo, estos deben ser comunicados de varias formas, desde hojas informativas (*brochures* o *flyers*) a felicitaciones y elogios públicos cuando se logran los comportamientos deseados.

Es importante que la comunicación se produzca en el momento adecuado. **La "compra" se produce siempre cuando el líder promueve a los miembros equipo a crear una cultura en la que los miembros son agentes activos del proceso.** En este contexto la "compra" va más allá de pronunciar palabras bonitas, en realidad se trata de lograr una mentalidad, una creencia de que juntos podemos. Esta es la esencia y materia prima que permite que grandes cosas puedan sucederle al grupo. A través del proceso de compra, el equipo adquiere la propiedad de los objetivos y planes que ha desarrollado y los hace suyos.

Clave 2: Comunica de forma efectiva

Un equipo que no se comunica no es un equipo en absoluto, sino un conjunto de individuos que marcha al paso que le marca a cada uno su propio tambor. Los equipos de alto rendimiento desarrollan métodos claros y consistentes para comunicarse entre los miembros, tanto en la comunicación informal como en la formal. Esta comunicación debe ser colaborativa en su naturaleza y debe proporcionar comentarios constructivos (*feedback*) hacia todos los miembros del equipo. Mediante dichos comentarios de los demás, cada miembro del equipo se siente más seguro respecto a su relación con el equipo.

Clave 3: Mejora y mantiene relaciones positivas entre los miembros

Para que los miembros del equipo puedan trabajar juntos de forma eficaz, su relación necesita ir más allá de una relación meramente de negocios. Los miembros de un equipo de alto rendimiento tienen interacción social fuera del lugar de trabajo, se crean lazos entre los miembros individuales basados en el respeto, confianza y conocimiento de las capacidades de cada uno. Es necesario dedicar tiempo para desarrollar y mantener estas relaciones; no se trata de tiempo perdido, si no tiempo dedicado a crear equipo (*team building*).

Clave 4: Clarifica los Objetivos y Responsabilidades

El modelo RACI es una potente herramienta utilizada para definir roles y responsabilidades. En general, cruzamos roles y responsabilidades con procesos (operativos o de cambio). En concreto, las siglas RACI significan:

R–Responsable- El responsable es la persona asignada para completar una tarea. Reporta a la persona que tiene la A.

A–Autorizador- Esta persona es la máxima autoridad, es quien puede decir "sí" o "no", el responsable último de todo. Es el propietario del proceso (operativo o de cambio).

C–Consultado- Esta persona habitualmente posee un profundo conocimiento del proceso en cuestión y todas las decisiones importantes deben ser consensuadas con él/ella.

I–Informado- Se trata de la gente que debe ser informada cuando una actividad va a ser realizada, pero no necesariamente consultados para obtener su aceptación.

Clave 5: Potencia la confianza mutua

La confianza es una de las cualidades más difíciles de desarrollar en un equipo, dado que solo se consigue con el tiempo y la experiencia. En cualquier caso, los miembros de un equipo de alto rendimiento deben generar confianza con el resto de miembros en su conjunto. Los miembros del equipo deben ver la competencia y compromiso demostrado por cada uno, para que esta confianza crezca. Tienen que saber que el resto de miembros están comprometidos con el éxito del equipo, y no sólo con el éxito personal. Deben tener confianza entre ellos, tanto en lo que respecta a sus habilidades profesionales como a su integridad personal.

Clave 6: Resuelve problemas y toma decisiones de forma efectiva

En esencia, los equipos toman decisiones usando técnicas de resolución de problemas. Así, el proceso prácticamente se apoya en la selección de un curso de acción siguiendo la evaluación de dos o más alternativas. Para recorrer adecuadamente ese camino, se presentó un método paso a paso.

Clave 7: Valora y promueve la diversidad

A menudo, son las diferencias entre los miembros de los equipos las que hacen que estos sean efectivos en su trabajo. Cada uno es capaz de aportar su propio punto de vista y habilidades, añadiendo algo que nadie más en el equipo puede aportar. Mientras personas cortas de miras se resisten en aceptar a las personas que son diferentes, los equipos de alto rendimiento aceptan y celebran la diversidad entre sus miembros. Éstos se basan en esa diversidad para generar las ideas necesarias para crear soluciones innovadoras a los problemas. Esto sólo puede suceder cuando cada miembro está deseando aceptar a los demás por lo que son, no forzándoles a ser lo que no son.

Muchos equipos globales son conscientes de la diversidad multi-cultural. Pues en la actualidad muchos de estos equipos están invirtiendo en formación y *coaching* respecto a los distintos aspectos de la diversidad cultural.

Clave 8: Gestiona los conflictos con éxito

Todos hemos visto situaciones en las que diferentes personas con diferentes objetivos y necesidades han entrado en conflicto, y todos hemos visto como con frecuencia terminan en enemistades personales que evidentemente afectan al rendimiento del equipo. El hecho es que los conflictos existen aunque no es necesariamente algo malo, siempre que se resuelvan con eficacia, pueden conducir a un crecimiento personal y profesional.

Una resolución eficaz de conflictos puede marcar la diferencia entre resultados positivos y negativos.

Clave 9: Proporciona oportunidades de desarrollo y reconocimiento

Además de tener el equipo en su conjunto objetivos para lograr el éxito, éste debe reconocer que cada miembro del equipo necesita oportunidades para tener éxito en su propia vida y su carrera. Al ayudar a los miembros del equipo a encontrar oportunidades para aumentar sus habilidades y conocimientos individuales, aumenta la capacidad del equipo en general, lo que aumenta la probabilidad de que el equipo alcance el éxito.

Provee el desarrollo y *coaching* adecuado. Ya sea a través de un instrumento formal de 360 grados o de conversaciones informales, es importante obtener información sobre las áreas de fortaleza o de oportunidades de desarrollo de todos los miembros del equipo, y proporcionar la formación necesaria para mejorar su rendimiento. Cada miembro del equipo requiere un cierto nivel de entrenamiento, de apoyo para sostener nuevas habilidades y reforzar los nuevos comportamientos.

Clave 10: Comparte los éxitos y disculpa los errores

Después de un esfuerzo colectivo importante, los resultados habitualmente son casi siempre positivos. Esto quiere decir que el conjunto ha logrado el éxito. Pero, ¿compartimos siempre el éxito con todos los que han contribuido a lograrlo? No siempre. En ocasiones el Líder de Equipo se cuelga la medalla y agradece los reconocimientos recibidos. Un comportamiento de este tipo no es lo que se entiende por un buen líder. El líder reconoce y comparte el éxito con todo su equipo.

—

Con esto, hemos cubierto principales métodos, herramientas y técnicas para crear y liderar un Equipo de Alto Rendimiento, incluido si este es virtual. Siguiendo estas pautas te permitirá llevar tu equipo al éxito. Estaremos encantados de responder a tus preguntas. No dudes en contactar con nosotros a través de:

leadership@generalmanagers.org

Gracias por tu tiempo, espero que has encontrado esta guía útil.

Antes terminar....

¿Te ha gustado este libro? Nos harías un favor inmenso y dedicas unos segundos a incluir tu valoración en la página web de Amazon.

Tus comentarios de apoyo son los que nos impulsan a seguir escribiendo y contribuyendo a desarrollar nuevas guías prácticas de liderazgo y desarrollo de carrera.

¡Muchas gracias!

Índice